O LIVRO DOS CHAKRAS, DA ENERGIA E DOS CORPOS SUTIS

Dados Internacionais de Catalogação na Publicação (CIP)
(Câmara Brasileira do Livro, SP, Brasil)

Miller, Joan P.
O livro dos chakras, da energia e dos corpos sutis : uma nova visão das tradições antigas e modernas sobre os nossos centros de energia / Joan P. Miller ; tradução Ólga Sérvulo. — São Paulo : Pensamento, 2015.

Título original: Le livre des chakras, de l'énergie et des corps subtils.
Bibliografia.
ISBN 978-85-315-1907-9
1. Chakras 2. Energia 3. Espírito e corpo I. Título.

15-01737   CDD-131

Índices para catálogo sistemático:
1. Chakras : Esoterismo 131

Joan P. Miller

O LIVRO DOS CHAKRAS, DA ENERGIA E DOS CORPOS SUTIS

Uma Nova Visão das Tradições Antigas
e Modernas sobre os Nossos Centros de Energia

Tradução
OLGA SÉRVULO

Editora Pensamento
SÃO PAULO

Título original: *Le Livre des Chakras, de L'Énergie et des Corps Subtils.*
Copyright © 2012 Les Éditions Québecor.
Copyright da edição brasileira © 2015 Editora Pensamento-Cultrix Ltda.
1ª edição 2015.
8ª reimpressão 2025.
Todos os direitos reservados. Nenhuma parte deste livro pode ser reproduzida ou usada de qualquer forma ou por qualquer meio, eletrônico ou mecânico, inclusive fotocópias, gravações ou sistema de armazenamento em banco de dados, sem permissão por escrito, exceto nos casos de trechos curtos citados em resenhas críticas ou artigos de revista.

A Editora Pensamento não se responsabiliza por eventuais mudanças ocorridas nos endereços convencionais ou eletrônicos citados neste livro.

Editor: Adilson Silva Ramachandra
Editora de texto: Denise de C. Rocha Delela
Coordenação editorial: Roseli de S. Ferraz
Preparação de originais: Marta Almeida de Sá
Produção editorial: Indiara Faria Kayo
Assistente de produção editorial: Brenda Narciso
Editoração Eletrônica: Fama Editora
Revisão: Liliane S. M. Cajado

Direitos de tradução para o Brasil adquiridos com exclusividade pela
EDITORA PENSAMENTO-CULTRIX LTDA., que se reserva a
propriedade literária desta tradução.
Rua Dr. Mário Vicente, 368 – 04270-000 – São Paulo – SP
Fone: (11) 2066-9000
http://www.editorapensamento.com.br
E-mail: atendimento@editorapensamento.com.br
Foi feito o depósito legal.

SUMÁRIO

INTRODUÇÃO... 9

Os segredos da energia................................. 15
A energia é a fonte de tudo o que existe.......... 17
O universo é uma vibração................................ 18
A energia deve circular..................................... 19
O efeito bumerangue... 22
O princípio do eco... 24

Os chakras, as auras e os corpos sutis..... 26
Os chakras principais.. 27
As três principais funções dos chakras............ 29
    Os chakras e a cor...................................... 29
Os níveis de consciência dos chakras.............. 30
Os chakras e a energia..................................... 32
Os chakras e a nutrição.................................... 34
    O chakra da base.. 34
    O chakra sexual... 35
    O chakra do plexo solar............................ 35
    O chakra do coração................................. 36
    O chakra da garganta................................ 37
    O chakra do terceiro olho e o chakra da coroa....... 37

A aura 38
    As cores e a aura 38
Os corpos sutis 41
    O corpo etérico básico ligado ao chakra da base 41
    O corpo emotivo ligado ao chakra sexual 42
    O corpo mental ligado ao chakra do plexo solar 43
    O chakra do coração, um ponto que liga o material e o espiritual: um caso particular 44
    O corpo astral ligado ao chakra do coração 45
    O corpo etérico modelo ligado ao chakra da garganta 46
    O corpo celeste ligado ao chakra do terceiro olho.. 47
    O corpo causal ligado ao chakra da coroa 48
    Os níveis subsequentes 48

Os três primeiros chakras: o corpo 49
O primeiro chakra: O chakra da base — *Muladhara* — O chakra da Terra 49
    A representação tradicional 49
    A ancoragem e a sobrevivência 50
O segundo chakra: O chakra sexual — *Svadhisthana* — O chakra da Água 55
    A representação tradicional 55
    A transformação e a mudança 56
    O princípio do prazer 58
O terceiro chakra: o chakra do plexo solar — *Manipura* — o chakra do Fogo — O chakra do poder 62
    A representação tradicional 62
    O fogo, o poder e a vontade 63

O quarto chakra: o ponto 70
O quarto chakra: O chakra do coração — *Anahata* — O chakra do ar — O chakra do amor 70

A representação tradicional 70
O amor, o equilíbrio das relações, as afinidades e
   a respiração 71
O perdão 77

Os três últimos chakras: o espírito 78
O quinto chakra: O chakra da garganta — *Vishuddha*
   — O chakra do éter — O chakra do som 78
   A representação tradicional 78
   O som, a vibração, a purificação e a comunicação.. 79
   A criatividade 82
O sexto chakra: O chakra do terceiro olho — *Ajna* —
O chakra da luz 84
   A representação tradicional 84
   A luz, a cor, a percepção visual e extrassensorial ... 85
O sétimo chakra: O chakra da coroa — *Sahasrara* —
   O chakra do pensamento — O chakra da
   iluminação 92
   A representação tradicional 92
   O pensamento, a consciência cósmica,
   a compreensão e a iluminação 93

A meditação, os mantras e a telepatia 99
A meditação 99
Os mantras 100
A telepatia 102

Os sistemas médicos tradicionais 104
De ontem para hoje: o ponto 105
A medicina ayurvédica 107
A medicina chinesa 109

O yin e o yang 111
O chi 111
Os cinco princípios ou elementos............................ 115
A medicina chinesa e os chakras 118
A medicina tibetana 119
A medicina tântrica e os chakras tibetanos 121

O estresse, as tensões e a autocura...................... 125
A cura natural ou autocura.. 128
A participação ativa.. 129
Uma atitude positiva 130
A fé 130
A regularidade e a perseverança 131

Como abrir os chakras... 133
A respiração.. 134
Um exercício de respiração 134
O relaxamento.. 135
Um exercício de relaxamento 135
A meditação... 137
Um exercício de meditação...................................... 137
As terapias 141
A acupuntura, o shiatsu e a acupressão................ 141
O reiki.. 144
A cromoterapia ou a terapia pelas cores 146
A litoterapia 151

Conclusão 155
Bibliografia... 157

INTRODUÇÃO

Por que escrever um livro sobre os chakras? Muito simples. Depois de ler uma grande quantidade de obras, me dei conta de que cada uma delas me permitia ver melhor a vasta paisagem se abrindo diante de meus olhos. Era ao mesmo tempo excitante e irritante, porque os assuntos não me interessavam todos da mesma maneira, o que me fazia por vezes ler muitas centenas de páginas antes de chegar ao ponto que realmente captava minha atenção. Portanto, podemos dizer que é cansativo estudar em profundidade todos os sistemas acessíveis para se dar conta, dez ou quinze anos depois, de que o último é que nos convém. É preciso também ter tempo e energia, além de um gosto desmedido pelo estudo e pela aquisição de conhecimento. Foi daí que me veio a ideia de fazer uma síntese dessa informação para criar um guia sobre os chakras e as diferentes tradições, tanto antigas quanto modernas, que se relacionam com essas energias. Mas, sobretudo, eu queria apresentar um guia prático para permitir que todos pudessem tirar proveito rapidamente, sem descartar as informações importantes, como costuma acontecer frequentemente em obras que tentam simplificar muito.

Reconheçamos: nós vivemos em um mundo onde tudo acontece rapidamente, onde a novidade de ontem é obsoleta hoje e se tornará uma antiguidade amanhã. Costumamos ficar perdidos em meio a esse alvoroço.

Há algumas décadas, vem se registrando um interesse crescente pelas filosofias orientais. Os termos "meditação", "relaxamento", "yoga", "zen" e inúmeros outros fazem parte do vocabulário corrente, mas, como muitas das palavras usadas frequentemente, as definições perdem seu sentido original e são constantemente usadas de forma inadequada ou errônea. Neste universo material em que o desempenho se transformou em arte de viver, sentimos às vezes necessidade de fazer uma pausa, apenas o tempo suficiente para retomar o fôlego ou nos questionarmos a respeito de por que viver.

Quaisquer que sejam os avanços científicos — e são muitos —, eles nos deixam ainda perdidos quando se trata de explicar os mistérios da vida. É nesse momento que os filósofos orientais — e as artes a eles relacionadas — vêm em nosso socorro. Na verdade, todos esses sistemas têm um ponto em comum: são baseados em um princípio holístico que engloba todos os aspectos do ser, ou seja, o espírito, o corpo e a espiritualidade.

"Chakra", "aura", "corpo sutil", "corpo etérico", eis alguns dos termos que podem parecer misteriosos, por vezes exóticos, para o comum dos mortais. Essas palavras são utilizadas em tantos contextos que perdem seu significado profundo e deixam de ser levadas a sério. A Nova Era assumiu seu lugar em nossa sociedade e nos permitiu conhecer diferentes conceitos, estranhos a nossa cultura ocidental. Entretanto a própria popularidade dessa onda e sua comercialização acabaram atribuindo uma simplificação extrema aos conceitos relativos aos termos mencionados antes, com o objetivo de torná-los acessíveis a todos.

Com certeza, a ideia em si não é má; no entanto é uma pena que algumas pessoas simplesmente resumam em uma linha ou duas um conceito que necessita de muitas páginas. Quando se simplifica um conceito, vulgarizando-o para torná-lo acessível a todos, é preciso fazer isso com prudência e se assegurar de que todos os elementos a ele pertinentes ali estão contidos. Os termos "aura", "corpo sutil" e "chakra" são indissociáveis; eles fazem parte de um todo que se refere ao mundo etérico. Quando abordamos esses conceitos, deixamos o mundo físico para nos acercarmos do mundo da energia. Mas mesmo assim é preciso estar atento porque não deixamos verdadeiramente o mundo físico; nós nos curvamos simplesmente sobre outro aspecto de nosso corpo, uma faceta imperceptível à primeira vista. Digo à primeira vista porque é possível, com um pouco de perseverança, perceber a aura, sentir a energia surgir nos chakras e efetuar mudanças em seu corpo físico sem que para isso seja necessário ir viver em um mosteiro budista ou como um asceta.

Nossa civilização ocidental trata todas essas partes separadamente, deixando a diferentes especialistas a tarefa de explicar cada uma delas. No plano histórico, é no final da Idade Média que esse corte foi feito, uma verdadeira ruptura entre natureza e cultura, em que o homem se esforçou para nomear e compreender o mundo físico no qual evolua. Essa ruptura se mostrou útil para compreendermos certos fenômenos físicos e para a evolução da ciência, sem que isso tenha sido completamente sufocado pelos preceitos do cristianismo. Infelizmente, cindindo assim o corpo e o espírito, certo modo de ver as coisas foi também apresentado, dando ao espírito uma primazia sobre o corpo, que era julgado impuro porque era afligido por dores e sujeito a corromper-se. A influência das tradições judaico-cristãs neste quesito foi muito forte e ainda hoje ela marca nosso pensamento.

Nosso sistema médico trata os sintomas das doenças, raramente o ser humano por inteiro. Dizer que nossa doença é de origem psicossomática equivale a dizer que temos um mal imaginário. Felizmente, o contato crescente com as tradições do Oriente e o desenvolvimento científico, principalmente da física quântica, nos permite hoje em dia ver as coisas de uma perspectiva holística e selar essa fenda para reunir num todo nosso espírito, nosso corpo e nossa espiritualidade. Na verdade, tudo depende de um detalhe relativamente simples: é preciso mudar a perspectiva e ver seu ser em sua plenitude, como um todo, e parar de separar o espírito, o corpo e o psiquismo como se existissem isoladamente. Estas três partes de nós são inseparáveis e não podemos viver harmoniosamente por muito tempo se não aceitarmos este princípio básico. Em relação ao desenvolvimento de nossas faculdades extrassensoriais, o caminho mais curto não é a abnegação ou a repressão de nosso corpo, mas a aceitação do fato de que temos um corpo físico que se mostra uma maravilhosa ferramenta, nos permitindo vivenciar o mundo material. Antes de poder dominar nossas faculdades psíquicas, é preciso dominar e desenvolver nossos sentidos físicos.

Isso posto, este livro não pretende ser uma obra exaustiva. É um guia prático, um guia de trabalho para melhor compreensão dos chakras e de sua energia. Seu objetivo: permitir-

-nos tomar consciência dessas energias que atravessam nosso corpo e abrir nossos chakras para atingir um nível de consciência superior. É também uma síntese de inúmeras disciplinas e teorias, que abre a porta a um estudo mais aprofundado de um ou de vários sistemas para quem deseja saber mais. De fato, é uma vela que se acende na alma de cada um e nos permite fazer escolhas.

É com esse espírito que esta obra lhe é apresentada, para que você possa dar um passo na direção dessa reunificação essencial para uma evolução completa de seu ser.

OS SEGREDOS DA ENERGIA

Antes de continuar, é essencial definir o que é energia e como ela atua sobre tudo o que existe.

Para entender melhor a energia, é preciso deixar de lado a física moderna. Isso pode parecer ameaçador, mas é um fato incontornável porque a ciência nos mostra que os conhecimentos antigos tinham intuitivamente uma sabedoria da qual pouco restou no plano científico. Veremos no próximo capítulo como os homens da pré-história usavam de forma intuitiva a energia emitida pela aura para pressentir o perigo ou para encontrar um lugar seguro.

Com o tempo, fomos deixando de lado esse tipo de intuição e desenvolvemos nossas funções intelectuais e nossa faculdade de raciocínio. Por outro lado, tivemos a experiência, em um momento ou em outro, de pressentir um perigo antes que ele se concretizasse, ou de não ir com a cara de uma pessoa sem saber por quê. A energia que envolvia essa pessoa ou esse acontecimento nos preveniu do perigo de uma maneira não racional. Certas pessoas são mais intuitivas que outras, mas todo mundo teve esse tipo de experiência pelo menos uma vez na vida. Para bem discernir o papel da energia em nosso corpo e em nossos chakras, é preciso examinar a natureza da matéria.

Todos nós sabemos que, da menor pedrinha ao planeta inteiro, passando pelas plantas, os mares, os vulcões, os animais e, com certeza, os seres humanos, todo o universo é formado por átomos. Os átomos são minúsculas partículas materiais que contêm uma carga elétrica imaterial, positiva ou negativa, constituída pelos elétrons. Estes executam, ininterruptamente, trajetórias fechadas em torno do núcleo do átomo, semelhantes àquelas das órbitas que os planetas executam em torno do Sol. De fato, cada átomo é um minissistema solar e cada ser humano tem centenas de milhares de átomos.

Além disso, como estão sempre em movimento, os elétrons vibram em ritmos variáveis, conforme sua vitalidade, e produzem assim um campo eletromagnético que representa uma força chamada "energia". A energia é invisível, inodora, incolor, impalpável e, portanto, é a força da qual o universo surgiu, da qual ele é composto. Pode-se afirmar que a energia é a vida.

A energia produz todas as materializações, quer se trate de florestas, de madeira, de plantas, de animais, de homens; resumindo, tudo o que é material. Ela é responsável por forças como o vento, o relâmpago, as estações, as erupções vulcânicas, as marés. A energia gera também as emoções: o amor, o ódio, a alegria, o medo, a angústia, a felicidade, etc. A energia revela igualmente a vida, colore-a, ativa-a, anima-a e a estimula; consequentemente, quando ocorre falta de energia, a vida parece murcha, insípida, aborrecida e entediante. Não há vida sem energia, mas há graus de energia, níveis que flutuam em nós e em tudo o que é vivo, que cria condições diferentes tanto entre os humanos como entre os animais ou as plantas.

Vamos nos concentrar sobre o efeito da energia no ser humano, pois os chakras são as portas de entrada da energia e dos reservatórios. Como a energia está em tudo, vamos também aprender, graças a certas técnicas, a maximizar nossos modos de receber a energia e tomar posse dela. Para fazer isso, devemos compreender as leis que controlam a energia para tirar o melhor proveito possível. Por exemplo, certas pessoas não têm nenhuma dificuldade em atravessar períodos sombrios, enquanto outras mergulham, mais ou menos rápida e profundamente, num abatimento ou numa depressão quando privadas de um pouco de energia. Pode-se dizer que elas não têm reservas. Na verdade, elas simplesmente não conhecem as leis que regem a energia. Como todas as leis, nós não temos direito de negligenciar sua importância nem de abusar, porque a energia é uma força que pode ser benéfica ou não, conforme o uso que se faz dela. Ela dá direitos e privilégios, mas implica também em deveres e obrigações. A energia, graças à qual vivemos, respiramos, evoluímos, nos deslocamos, é uma força que não deve ser tratada de forma leviana. Ela é a própria essência da vida e, dessa forma, merece todo o nosso respeito.

A ENERGIA É A FONTE DE TUDO O QUE EXISTE

É, assim, ao mesmo tempo simples e complicado. Entretanto o objetivo desta obra não é ensinar por que vemos a pedra que rola em meio à espuma, mas não a cor do vento que sopra nas árvores, embora o assunto seja muito interessante, como é a metamorfose da *energia-pensada* em *energia-matéria*.

Vamos, portanto, nos concentrar na energia que circula através do corpo humano, por meio de seus sete centros vitais. Entretanto, antes de mergulharmos nesse estudo, vamos falar dos princípios que regem a energia, porque eles são fundamentais para abordar e fazer compreender o funcionamento de nossos chakras e de sua ação sobre nosso corpo físico.

O UNIVERSO É UMA VIBRAÇÃO

Este é o primeiro grande princípio: tudo vibra no universo. No entanto, essa vibração não é a mesma para tudo. Algumas coisas vibram em baixa frequência, sendo facilmente perceptíveis ao comum dos mortais, enquanto outras têm taxas vibratórias mais elevadas e não são percebidas senão por algumas pessoas. Outras ainda ultrapassam a percepção sensorial do ser humano, por mais desenvolvida que possa ser.

Como todo o universo é uma vibração, o ser humano, claro, não foge à regra. Falaremos, portanto, mais particularmente aqui da vibração das emoções e dos efeitos, bons e maus, que estas podem ter sobre o organismo. Temos interesse, também, pela influência das emoções sobre a harmonia dos chakras e, consequentemente, sobre o estado do nosso corpo físico.

Os chakras são, para o corpo, o que a bateria é para o carro. Eles geram toda a energia essencial ao homem, para assegurar sua existência física, mental e espiritual, bem como a sobrevida de sua alma no além. Do nível mais elementar, aquele do reflexo e da sobrevivência, até o da iluminação e da transfiguração, o homem tem sete centros vitais que tornam possível uma vida harmoniosa e equilibrada; tudo isso é uma questão de vibração.

É a qualidade das vibrações emitidas pelo ser humano que permite a harmonia e o equilíbrio. Vamos mais longe ao afirmar que a qualidade de nossas vibrações passa por um controle de nossas emoções. Isso não quer dizer que devemos procurar suprimi-las ou reprimi-las; ao contrário, devemos aprender a conhecer e também a reconhecer os efeitos que elas têm sobre nossa saúde moral e física. Por exemplo, se nos deixarmos tomar pelo medo, pelo ódio ou pela raiva, emitiremos vibrações negativas que poderão provocar perturbações e desordem em um ou vários chakras. Essas desordens no plano da energia geram, por sua vez, desconforto ou doenças.

Se, ao contrário, emitirmos vibrações de alegria, de felicidade e de prazer, favoreceremos o bom funcionamento de todo o nosso corpo, tanto no plano físico quanto no moral, e permitiremos que a energia circule em nós, nos nutrindo e nos fortificando.

É isso que nos leva ao segundo princípio que rege a energia: ela não apenas vibra, mas, para ser eficaz, ela deve circular.

A ENERGIA DEVE CIRCULAR

Circular quer dizer não ficar parada; isso implica, portanto, movimento, por menor que seja. É preciso compreender que tudo o que está imóvel acaba por estagnar, e tudo o que estagna se deteriora e se desfaz. Eis um exemplo. Todos nós sabemos que, em nome do progresso e da modernidade, chegamos a saquear e a destruir os hábitats que precederam a humanidade. Tomemos o caso de um rio no coração de uma floresta. Em seu estado natural, ele convidava as pessoas a pararem ali, se banharem nele e, frequentemente, a beberem sua água. A água seguia seu curso, circulando entre as pedras, polindo-as na passagem, abrindo seu caminho. Ao longo de todo o seu percurso, ela mantinha a vida tanto animal quanto vegetal e podia-se também ver algumas habitações nas margens. Depois chegaram o progresso e a modernização, exigindo uma autoestrada.

Uma vez terminadas as obras, os trabalhadores foram embora, deixando para trás de si uma paisagem devastada. Os estragos efetuados pelas máquinas no solo e no subsolo romperam o equilíbrio natural, geraram obstáculos e barreiras e transformaram o rio em um charco nauseabundo. Por quê? Porque a água não circulava mais. Para se renovar, a água, como a energia, precisa circular. E para circular é essencial que ela esteja perpetuamente em estado de ligeiro desequilíbrio, sem o que ela se tornará rapidamente estagnada.

Se pegarmos esta analogia, o rio simboliza o corpo do homem, e a água, sua energia; os tratores e os trabalhadores da construção representam o estresse, a tensão, as emoções negativas que impedem a livre circulação da energia. Se formos mais longe, poderemos perceber que a autoestrada representa a crença de que é preciso sempre ir mais longe e mais rápido, mesmo em detrimento do equilíbrio natural. A transformação do rio em charco expressa claramente a ideia de que tudo o que está parado putrifica.

Outro exemplo: façamos um paralelo entre nosso corpo e uma piscina. Para impedir a formação de algas em uma piscina e evitar que ela se transforme em lodo, é preciso movimentá-la. O mesmo vale para o nosso corpo.

Assim, para impedir que a água de uma piscina se turve, lhe adicionamos cloro, porque ele tem a propriedade de manter a água clara e límpida. O cloro, para o homem, representaria sua alimentação e seu modo de respirar. Como podemos nos banhar em uma água turva e sem cloro sem problema, também podemos viver nos alimentando de qualquer forma e respirando mal. No entanto a qualidade se perde, o desgaste ou o envelhecimento é precoce. Esta perda de qualidade de vida do ser humano se expressa pela doença física ou mental.

Mas e o que dizer das piscinas que têm um filtro? Ele serve para oxigenar a água, livrando-a de suas impurezas. O filtro do homem é o controle de suas palavras, de suas ações e de seus pensamentos. Para que a água circule em um ambiente contido, a piscina tem um dreno que promove um movimento giratório para evitar que a água fique estagnada e lodosa. No que diz respeito aos seres humanos, podemos comparar este dreno à nossa facilidade de adaptação diante das mudanças, do movimento, da renovação.

Geralmente, compramos também um aspirador, que passamos regularmente no fundo da piscina, para limpá-lo. O aspirador evoca a responsabilidade de cada um de nós fazer, de modo regular, a limpeza em nossa vida, de "passar a vassoura", de mudar de ar quando isso se torna necessário, de afastar as más influências e de não fugir às tomadas de consciência.

Sim, a energia deve circular, quer seja a de um rio, de uma piscina ou de um ser, nós não podemos fugir a essa responsabilidade. A inação gera a estagnação, e a inércia, o declínio.

O que vale para as grandes civilizações, hoje desaparecidas, vale também para nós. Sem renovação, nós nos degradamos.

Certamente, há inúmeras maneiras de não ficar parado, todas implicando um deslocamento para a frente ou para trás, para a esquerda ou para a direita, para cima ou para baixo, para fora ou para dentro. O importante é sempre fazer um movimento resultante de pensamentos positivos; todo pensamento, toda palavra, toda emoção ou todo ato negativo podem gerar um bloqueio tão nefasto quanto a inércia. Isso nos leva ao terceiro princípio que rege a energia.

O EFEITO BUMERANGUE

Todos nós estamos familiarizados com o bumerangue, este objeto de origem australiana que é na verdade uma arma de arremesso, feito de uma lâmina estreita de madeira, e capaz de voltar ao ponto de partida. A energia atua da mesma forma; a alusão mais célebre é sem dúvida a que diz que colhemos o que semeamos. Este é o princípio da ação e reação.

Nós somos, ao mesmo tempo, emissores e receptores. Cada um de nossos atos, ou de nossas palavras, de nossos pensamentos e de nossas emoções gera vibrações que se assemelham às ondas provocadas por um seixo lançado na água: ondulações. Lançados, esses "seixos" giram na atmosfera e se juntam a outras ondulações, geradas por outras pessoas. O impacto resultante é muitas vezes bom e outras vezes, catastrófico; mas, invariavelmente, a ondulação volta sempre a seu ponto de partida. O emissor recebe o contragolpe do que ele gerou.

Da mesma forma, se o pensamento emitido na atmosfera é de ódio, seu emissor "recolherá", cedo ou tarde (o processo pode levar anos, e os que acreditam em reencarnação afirmam até que ele pode levar inúmeras vidas), o que semeou, ou seja, o ódio. Neste contexto, é importante que cada um tome consciência do fato de que as vibrações positivas são entidades em si e que o pensamento de ódio emitido a respeito do Senhor X poderá ser devolvido pela Senhora Y. O fenômeno atua da mesma forma no que diz respeito a todas as emoções e ações, boas ou más.

Costumamos esquecer que as emoções e os pensamentos têm a mesma qualidade energética que as ações. A razão é simples: vemos e percebemos as ações com nossos sentidos, mas temos dificuldade em conceber que alguma coisa intangível (como uma emoção) tenha o mesmo valor, a mesma influência. Não se esqueça de que a energia é também intangível, mas que a força de uma emoção possante pode produzir tanta energia quanto um gesto físico.

É também importante notar que a "colheita" é sempre superior à "semeadura". Pensemos somente na quantidade de legumes colhidos a partir de um pequeno grão semeado! Os efeitos de uma semente produzida por uma ação, uma emoção ou um pensamento, positivo ou negativo, se multiplicam com o efeito do choque do retorno. Isso se assemelha ao conceito de karma, que diz que a qualidade ou a mediocridade das experiências da vida presente do indivíduo são consequência de seus atos e pensamentos, tidos e mantidos em uma vida anterior. Todas as palavras e todos os gestos de uma pessoa têm consequências; a lei do bumerangue está aí para que ela veja que assumirá suas responsabilidades, tanto para o bem quanto para o mal que ela cometeu. É uma lei incontornável e que vale para todos.

Sabendo disso, por que não começar já a semeadura daquilo que gostaríamos de colher amanhã?

O PRINCÍPIO DO ECO

O princípio do eco, também chamado de lei da ressonância, é o quarto princípio da circulação da energia. Segundo esta lei, a energia de determinado tipo, que comporta particularidades e que emite vibrações de uma determinada qualidade, atrai inevitavelmente uma energia do mesmo tipo e a mesma qualidade de vibrações. Simplificando, digamos que cada um de nós atrai o que emitiu. Mas, atenção, este enunciado é válido tanto para os bons quanto para os maus sentimentos.

Para verificar o fenômeno da ressonância, coloquemos uma guitarra sobre uma cadeira ou uma mesa e comecemos a cantar; em determinado momento, a guitarra vai emitir sons, vibrações. A explicação é bastante simples: certas notas que emitimos são obrigatoriamente da mesma frequência que as frequências das notas das cordas da guitarra. Já que são exatamente da mesma frequência vibratória, as cordas vibrarão e emitirão sons. Elas responderão à nossa mensagem vibratória. A guitarra e nós ressoaremos da mesma maneira.

Outro exemplo é o do diapasão, uma lâmina vibrante em forma de "U", que produz uma nota cuja frequência serve de referência aos músicos. Eles podem assim afinar seus instrumentos e se harmonizar. Se acionarmos um diapasão, por exemplo, em um lá a uma frequência de 440 hertz, e ao lado colocarmos um segundo diapasão da mesma frequência, este começará também a vibrar apenas como efeito do primeiro.

Este é outro exemplo do fenômeno da ressonância; conhecido como "entrar em sintonia".

Entrar em sintonia quer simplesmente dizer estar na mesma frequência de onda que qualquer outro. Quando tudo vai bem, é maravilhoso; mas tudo muda quando as ondas liberadas são ondas de desespero, de destruição ou de doença. Quando estamos doentes, quando sofremos por algum motivo, quando estamos deprimidos, não temos mais o mesmo comprimento de onda que o universo e devemos entrar em sintonia para nos restabelecermos.

De fato, todas as terapias que visam a esse restabelecimento da saúde física ou mental trabalham para harmonizar as vibrações do corpo para que ele consiga primeiro ressoar na mesma frequência do mundo em volta, depois entrar em sintonia, pouco a pouco, com o mundo espiritual, o divino. O fenômeno da ressonância não considera absolutamente as boas intenções ou o que possa parecer justo ou injusto; ele considera simplesmente a qualidade vibratória.

Como podemos constatar, a energia é regida por princípios ou leis relativamente simples; a qualquer ação haverá uma reação, e assim por diante. Vamos, agora, ver como podemos colocar em prática estes princípios fazendo uso de nossos chakras. Claro que é preciso antes examinar o que é um chakra, bem como os sistemas que nos permitem estudar seu funcionamento.

OS CHAKRAS, AS AURAS E OS CORPOS SUTIS

O que é um chakra? Chakra é um termo sânscrito que significa "roda" ou, mais precisamente, "disco em rotação". Na verdade, um chakra é um ponto de encontro de canais de energia psíquica, uma intersecção de níveis convergentes.

Há sete chakras principais ou maiores, 21 chakras menores, inúmeros chakras de menor importância e, finalmente, os pontos de entrada de energia — os pontos da acupuntura —, que são igualmente chakras, já que são condutores de energia. Com todos esses pontos de entrada, nosso corpo se assemelha um pouco a uma esponja que absorve energia; somos constantemente banhados por correntes invisíveis que se cruzam ao nosso redor. No que diz respeito às terapias, veremos adiante como a acupuntura e outras técnicas utilizam esses pontos de energia para revitalizar nosso corpo.

Como esta obra é principalmente direcionada aos sete chakras principais, abordaremos apenas superficialmente os chakras menores e outros nos capítulos dedicados aos sistemas médicos e às técnicas (como a acupuntura).

OS CHAKRAS PRINCIPAIS

Cada um dos chakras principais corresponde a um determinado nível, a um invólucro específico circundando nosso corpo físico. Para facilitar o entendimento, falamos de camadas, de níveis; mas todos esses envoltórios, que têm, cada um, uma frequência diferente, ocupam o mesmo espaço que o corpo. Sua radiação respectiva varia de alguns centímetros do corpo físico até, em certos casos, muitos metros em torno dele. Ao contrário da tradição popular, a aura não tem a estrutura de uma cebola, que podemos ir despindo de suas camadas sucessivas. Se nós vemos os níveis é porque as cores existem em níveis vibratórios diferentes e são vistas separadamente.

Os chakras nos aparecem na forma de discos ou de pequenas rodas, mas são na verdade cones onde a energia circula em espiral. No que diz respeito aos chakras principais, os chakras 2 a 6 têm duas faces: uma anterior, que costuma ser representada esquematicamente, e uma face posterior. Um chakra completo é, portanto, formado por um cone duplo; o lado anterior está ligado às emoções e o lado posterior, à vontade. Os chakras 1 e 7 são formados por um cone simples; o primeiro é voltado para o Sol e o sétimo, para o céu.

O principal objetivo de um chakra é absorver energia; para fazer isso ele deve estar aberto. Mas atenção: uma abertura muito grande poderá provocar um choque terrível! Por quê? Porque o grau de absorção da energia universal está diretamente relacionado ao nosso grau de consciência, o que significa que ele é ligado ao que vemos, entendemos, sentimos, percebemos intuitivamente ou por meio de um conhecimento direto, infuso. Portanto, a absorção da energia se dá em dois níveis: primeiro, metabolizando a energia por todos os chakras disponíveis, tanto os principais quanto os menores, para manter nosso corpo saudável, depois, deixando entrar em nós a energia que nos vem da informação e que diz respeito ao nosso nível de consciência. São, de qualquer forma, informações que dizem respeito ao chakra e ao corpo astral, de onde provém essa energia. Aqui é preciso ficar atento, porque um fluxo muito grande ou muito rápido de informações nos impedirá de efetuar o tratamento.

É preciso, portanto, ir no próprio ritmo e abrir os chakras um a um, cuidando de integrar toda e qualquer novidade antes de dar mais um passo. É importante abrir seus chakras e aumentar o fluxo de energia pela simples e boa razão de que quanto mais energia entrar em nós, maior será nossa vitalidade, maior nossa capacidade de lutar contra a doença, que é causada por um desequilíbrio ou um bloqueio de energia. O mesmo vale para nossas percepções e faculdades. Uma baixa de energia, ou a falta dela, altera nossas capacidades cognitivas e intuitivas e nos impede de viver plenamente.

Como os termos que usamos correntemente para designar os chakras são de origem sânscrita, abordaremos em primeiro lugar o sistema hindu. Ele é o sistema original no que diz respeito à nomenclatura e às informações básicas. Todos os outros sistemas resultam dele, com mais ou menos variações. É também importante ter um ponto de referência sobre o que todo mundo está de acordo.

Cada um dos chakras principais está ligado a um nível específico, a um invólucro, que reproduz fielmente o corpo e seus órgãos, assim como os outros chakras. Cada um desses corpos astrais está ligado aos outros e há uma troca de energia entre os diferentes níveis astrais.

AS TRÊS PRINCIPAIS FUNÇÕES DOS CHAKRAS

As três principais funções dos chakras, qualquer que seja seu nível, são:

- revigorar o corpo astral e, consequentemente, o corpo físico;
- levar à conscientização e ao desenvolvimento dos níveis psicológicos;
- transmitir energia entre cada nível astral. Cada corpo astral, embora ligado a um chakra distinto, tem todos os chakras que utilizam uma frequência diferente, específica a esse nível astral.

Cada corpo ou nível astral tem propriedades particulares, que estudaremos com o chakra correspondente.

Os chakras e a cor

Os chakras são associados às cores, as sete cores do arco-íris. Elas correspondem, cada uma, à vibração de um determinado chakra.

- Chakra 1 (a base) — vermelho;
- Chakra 2 (o sexual) — laranja;
- Chakra 3 (o plexo solar) — amarelo;
- Chakra 4 (o coração) — verde;
- Chakra 5 (a garganta) — azul-claro;
- Chakra 6 (a terceiro olho) — índigo;
- Chakra 7 (a coroa) — violeta.

OS NÍVEIS DE CONSCIÊNCIA DOS CHAKRAS

Cada um dos chakras é também ligado a um estado de consciência específico, um nível de percepção que nos permite evoluir e compreender todos os níveis da existência em sua especificidade.

O nível de consciência do chakra da base se localiza no movimento e no toque. É a percepção daquilo que sentimos fisicamente que se manifesta por este chakra. Quando ele está em harmonia e funciona corretamente, experimentamos um sentimento de bem-estar físico que nos permite viver melhor. Os exercícios que nos levam a este estágio são a caminhada, o relaxamento, as massagens dadas e recebidas, assim como a meditação focada no relaxamento do corpo.

O nível de consciência do chakra sexual se localiza nas emoções. É controlando-as que harmonizamos este ponto de energia. "Controlar" não quer dizer "reprimir" ou "ignorar" suas emoções; é preciso tomar consciência do que sentimos e passar, em seguida, para outra coisa. O problema com as emoções é que elas fazem tudo que está ao seu alcance para nos controlar, e, uma vez conseguido isso, nos tornamos dependentes do círculo emotivo. Quando nosso segundo chakra está em harmonia, nós sentimos as emoções, mas não nos deixamos conduzir por elas. Os exercícios de meditação e de relaxamento são excelentes para aprendermos a controlar a avalanche de emoções. Para compreender e descobrir a raiz de certas emoções, uma técnica como a *focalização* é bastante apropriada.

O nível de consciência do chakra do plexo solar se localiza na intuição primária, aquela que nos previne do perigo. É uma sensação que temos no oco do estômago ou em nossas entranhas, algo vago, incerto, raramente específico. Quando nosso chakra está em harmonia, sentimos essas intuições mais facilmente; elas nos permitem aproveitar melhor as situações que se nos apresentam. O exercício que harmoniza este chakra é a meditação, que esvazia nosso espírito de qualquer pensamento para que nos tornemos mais receptivos às mensagens de nosso corpo. É no encontro com o silêncio que chegamos a ouvir este nível de consciência.

O nível de consciência do chakra do coração se localiza nos sentimentos do amor universal que damos e que recebemos também. É amando que chegamos a transcender nosso corpo físico, para alcançar os níveis mais elevados de espiritualidade. É também graças ao amor que os chakras superiores podem ajudar nosso corpo a se manter saudável e seguir evoluindo. O melhor exercício para harmonizar este chakra é o perdão. Perdoar o mal que os outros nos causaram, perdoar a nós mesmos, é a única maneira de nos libertar da prisão dos sentimentos negativos, como o ódio e a inveja, que nos impedem de evoluir.

O nível de consciência do chakra da garganta se localiza na palavra, seja ela a que pronunciamos ou a que ouvimos. Este chakra nos permite comunicar, exprimir nossas necessidades, nossas ideias, nossos projetos. É por meio da palavra que nós podemos partilhar projetos e, a seguir, concretizá-los. O ditado popular: "É do choque das ideias que nasce a luz" exprime bem a importância da palavra. Para exercitar este chakra e harmonizá-lo, a música é bastante apropriada; é preciso, também, aprender a ouvir as pessoas para descobrir o que elas têm para partilhar conosco. O nível de consciência deste chakra se define sobre o plano das ideias, dos ideais que servem à humanidade, liberando-a da ignorância. É por meio do conhecimento que abrimos este chakra.

O nível de consciência do chakra do terceiro olho se localiza em nossas faculdades extrassensoriais. É aprendendo a visualizar, a ver com nosso espírito, que nós exercitamos este chakra e que nós o harmonizamos. A meditação e os exercícios para aumentar nossas faculdades psíquicas permitem abrir consideravelmente este chakra e tirar proveito dos dons que estão latentes em cada um de nós. O nível de consciência deste chakra se caracteriza, verdadeiramente, pela compreensão do papel que temos a desempenhar em benefício dos outros. Nós não conquistamos estes dons psíquicos gratuitamente, mas para colocá-los a serviço daqueles que têm necessidade.

O nível de consciência do chakra da coroa se localiza na consciência divina. Quando este chakra está totalmente aberto, descobrimos que somos um em Deus, que fazemos parte do universo de modo definitivo. É o nível da iluminação mística, que transcende todos os conhecimentos do ser humano, todas as realidades — material, física, emotiva, psicológica e mental. O fim último do ser humano é alcançar este nível conscientemente para descobrir plenamente sua própria divindade.

OS CHAKRAS E A ENERGIA

A energia é essencial à vida e, da mesma forma, aos chakras. Nós vamos aqui explicar a relação entre a energia (que nomearemos "prana", segundo a tradição dos *Vedas* do hinduísmo) e os sete chakras principais. O prana está dividido em três categorias: o prana solar, o prana planetário e, finalmente, o prana das formas.

O prana solar é descrito como uma força vital magnética que provém do Sol e que passa diretamente pelos envoltórios etéricos, por meio de nossos chakras, que o absorvem e conduzem essa energia ao corpo etérico correspondente. Esse prana solar é absorvido e disseminado através de nosso corpo físico pela intermediação do baço, que o distribui aos órgãos e aos tecidos que dele necessitam. Esta ação vitaliza nosso corpo físico e o mantém saudável. Nós conhecemos todos os efeitos negativos da falta de sol durante o período de inverno.

O prana planetário é a energia que emana diretamente da própria Terra. Alguns afirmam que, na realidade, este é o prana solar, que é espalhado no corpo etérico do planeta, tornando-se então uma energia que circula e irradia sua superfície, veiculando assim suas qualidades físicas para o exterior, formando a aura do planeta. Nós o identificamos também como o magnetismo da Terra. Não é preciso ir muito longe para conferir essas afirmações: todos nós sabemos, por experiência própria, que certos lugares têm um efeito benéfico sobre nós. Pensemos, por exemplo, em uma praia ensolarada. Nós temos lá a combinação benéfica de duas formas de prana, que atuam juntas sobre nosso sistema. As florestas são também uma fonte de força vital bastante extraordinária. Não nos esqueçamos de que os pinheiros, em particular, e as coníferas, em geral, têm a reputação de fazer crescer a vitalidade daqueles que estão em suas proximidades.

O prana das formas nos vem da alimentação: principalmente as frutas e os legumes frescos, as nozes (frutas secas) e o mel. A maioria das dietas da medicina ayurvédica é baseada nos princípios de nutrição.

OS CHAKRAS E A NUTRIÇÃO

É importante se nutrir convenientemente; mas, ao contrário do que alguns poderiam acreditar, uma alimentação que ajuda a harmonizar os chakras não é, necessariamente, vegetariana. Nós devemos nos dar conta de que nosso corpo físico existe e que o fato de o desprezarmos e de reprimirmos sua natureza não é bom para alcançar a espiritualidade. De fato, se reprimirmos nossa natureza e nosso corpo físico, o corpo se vingará adoecendo. Desfrutemos de nosso corpo sem fazer dele um fim em si; tudo é uma questão de equilíbrio e de harmonia. Vamos ver a seguir quais são os alimentos que correspondem aos diferentes chakras.

O chakra da base

Nós podemos afirmar que a carne é o alimento mais físico que poderemos ingerir. Como levamos mais tempo para digeri-la do que a todos os outros alimentos, ela permanece em nosso sistema digestório por mais tempo. É por esta razão que ela necessita mais de energia no nível inferior do nosso corpo e que, devido a isso, sua ingestão limita ligeiramente o fluxo de energia para os chakras superiores.

    A carne e as proteínas são excelentes para nos ancorar na realidade material. Por outro lado, uma alimentação muito rica, com grande abundância desses alimentos, torna o corpo pesado e muito focado no plano material, o que dificulta o acesso aos estados de consciência dos outros chakras. A prova disso é que, após uma boa refeição, é praticamente impossível fazer outra coisa que não seja repousar; todas as funções do organismo são deixadas em suspenso para facilitar a digestão. Por outro lado, é recomendado, após sessões de meditação ou de outras técnicas psíquicas, comer proteínas para retornar a um estado físico mais terreno.

Não é absolutamente necessário consumir carne para ter os pés na terra, mas é preciso incluir em nossa alimentação proteínas na forma de ovos, queijos, leguminosas e nozes (frutas secas).

O chakra sexual

Como este chakra está associado ao elemento Água, é nos líquidos que encontra sua força e se revitaliza. Os líquidos passam mais facilmente e mais rapidamente através do corpo do que os alimentos sólidos. Eles ajudam a limpar o organismo de suas impurezas e permitem aos rins se desvencilhar das toxinas. A água é particularmente essencial ao bom funcionamento de nosso corpo e do segundo chakra. Os sucos e os chás são recomendados para favorecer os processos de limpeza e de desintoxicação do organismo.

O chakra do plexo solar

As féculas são alimentos que correspondem ao terceiro chakra. O pão, as massas, o arroz e os grãos se convertem rapidamente em energia calórica dentro de nosso sistema digestório, o que os liga diretamente ao elemento Fogo, correspondente ao chakra do plexo solar. É preciso saber que os alimentos à base de grãos inteiros, mesmo que sejam assimilados mais lentamente pelo organismo, são mais completamente absorvidos que os alimentos feitos com farinha e grãos refinados ou branqueados. Peguemos, por exemplo, o arroz branco e o arroz integral; o segundo tem evidentemente muito mais elementos nutritivos que o primeiro.

É importante fazer aqui um alerta relativo ao açúcar refinado e a seus derivados. Ainda que esses produtos tenham um impacto rápido sobre o organismo, sobre o plano energético, seu uso imoderado e constante enfraquece o terceiro chakra. O efeito negativo pode mesmo se fazer sentir sobre o estado de saúde em geral. Uma dependência de alimentos energéticos é um sintoma de um desequilíbrio do chakra do plexo solar.

O chakra do coração

Os alimentos favoráveis a este chakra são os legumes. Os legumes são produto da fotossíntese, derivada da energia prana solar, uma função que nosso organismo não pode produzir por si mesmo. Os legumes contêm a energia vital do prana solar assim como uma boa porção do prana planetário, na forma dos elementos Terra, Água e Ar. Consequentemente, podemos afirmar que eles são verdadeiramente resultado da união entre a Terra e o cosmos, em um estado de equilíbrio perfeito. É interessante notar que, no sistema de medicina chinesa, os legumes não são classificados como yin ou yang, porque eles representam o equilíbrio e a neutralidade, as características do quarto chakra. A cor predominante dos legumes é também a do chakra do coração, ou seja, o verde.

O chakra da garganta

As frutas correspondem ao quinto chakra. Se nós considerarmos a tradição budista, as frutas representam o melhor da cadeia alimentar porque, uma vez maduras, elas se soltam por si mesmas da planta ou da árvore que as produziu e nós não precisamos matá-las para nos nutrir. As frutas são, na maioria das culturas, um presente dos deuses. Elas contêm geralmente alta taxa de vitamina C, assim como de açúcares naturais, que são, na verdade, entre os alimentos sólidos, os mais fáceis de digerir. Sua ação é benéfica de inúmeras formas, notadamente para limpar o organismo e para estimular a região da garganta.

O chakra do terceiro olho e o chakra da coroa

Como se pode imaginar, é bastante difícil recomendar alimentos para os dois últimos chakras que estudamos. Sua natureza é puramente espiritual, e estes chakras não estão ligados às funções corporais, mas principalmente às funções puramente intelectuais de nosso ser. Certas substâncias podem ter um efeito sobre esses chakras, principalmente a maconha e as drogas psicodélicas, como o LSD e os cogumelos alucinógenos. Essas substâncias são reconhecidas por afetar, de modo benéfico ou não, nossos dois chakras superiores, alterando os níveis de consciência da pessoa.

Por outro lado, os perigos inerentes a essas substâncias são mais importantes que o efeito que elas possam oferecer. Sua composição química chega a dominar o estado de consciência e torna-se impossível funcionar conscientemente. Os problemas causados por essas substâncias aos chakras são em geral irreversíveis e anulam todo trabalho benéfico no plano da consciência.

A AURA

A aura é o invólucro energético que envolve nosso corpo. Como veremos mais adiante, ela é composta de inúmeras camadas, sendo algumas perceptíveis na forma de pontos coloridos. Durante muito tempo, nós nos perguntamos se a aura existia de fato. A razão que motivava esta pergunta estava, principalmente, ligada ao fato de que, para ver a aura, nós precisávamos treinar e perseverar. Isso não se aplica a todo mundo, claro, e o número de pessoas que dominam isso é relativamente pequeno. Graças a Seymon Kirlian* é possível agora ver algumas cores da aura com o uso da fotografia. É um procedimento bastante complexo, que torna legítimo o estudo da aura assim como a relação das cores com nosso estado de saúde física e psíquica.

As cores e a aura

As cores da aura nos dão ensinamentos sobre o desenvolvimento espiritual da pessoa, como também sobre a saúde física, mental e emotiva. Certos especialistas são capazes de ver a aura e de diagnosticar de modo preciso os problemas de saúde, quer sejam eles físicos, psicológicos ou emotivos. Eles usam tabelas de cor bastante detalhadas; nós faremos aqui

---

* Seymon Kirlian foi quem, em 1939, conseguiu fotografar uma auréola de luz em torno de objetos, reforçando assim a hipótese de que toda coisa está envolta por uma aura invisível, defendida por alguns.

apenas um breve apanhado das cores mais comuns e de sua interpretação.

Observemos que as cores que se relacionam à espiritualidade são bastante estáveis, enquanto as que dizem respeito à saúde e às emoções variam. Será mais exato dizer que elas mudam conforme a emoção ou a doença da qual a pessoa sofra. Uma pessoa saudável e cuja energia vital esteja em alta apresentará as cores vivas. Numa baixa de energia vital, no caso de uma doença ou um traumatismo, as cores são bastante esmaecidas. Quando uma pessoa experimenta um estado de ansiedade, de depressão ou de medo intenso, as cores aparecem desordenadas. Em caso de depressão forte, nós não percebemos mais, realmente, as cores; elas são completamente cobertas por um tom entre cinza e marrom que pode chegar até o preto, nos casos graves.

Eis um breve apanhado sobre o significado das cores mais frequentemente percebidas na aura.

- **Branco**: Esta cor simboliza a sabedoria. A pessoa cuja aura mostra bastante branco tem uma natureza tranquila, compassiva e perdoa facilmente. É também a cor dos avatares, como Cristo e Buda. Alguns traços de branco na aura, mesmo que sejam mínimos, demonstram uma grande evolução espiritual.
- **Azul**: Esta cor representa uma natureza harmoniosa, de inspiração artística. O azul-escuro indica uma natureza sábia e serena; é também a marca de um nível bastante alto de evolução espiritual. Por outro lado, o marrom ou o preto que se mistura ao azul indicam uma depressão ou uma doença mental.

- **Marrom**: Indica uma pessoa que tem o sentido da organização e talentos de um líder, uma natureza trabalhadora e qualidades práticas.
- **Cinza**: A presença desta cor indica doença, dor e tristeza. Em geral, a perda recente de um ente querido ou uma ruptura amorosa tinge a aura de uma nuvem cinza como se fosse um véu.
- **Amarelo**: A presença desta cor indica uma saúde luminosa nos planos físico e mental. Em uma pessoa que desenvolve projetos, é um sinal de determinação.
- **Preto**: É uma cor de vibração muito baixa, frequentemente associada a pessoas que cometem excessos no consumo de álcool e de drogas de maneira regular. Estes pontos são como buracos na aura, porque a vitalidade do corpo aí se perde literalmente. O preto pode também ser indicativo de um estado de depressão grave, já de muito tempo, e não tratada.
- **Laranja**: Ter esta cor em abundância demonstra que a pessoa tem uma natureza serena, uma boa dose de consideração e de sabedoria. É também sinal de equilíbrio harmonioso.
- **Púrpura**: A presença desta cor indica uma natureza e um espírito práticos.
- **Rosa**: Esta cor indica a presença de amor incondicional, de uma alma muito calorosa. É a marca de uma pessoa que cria laços de amizade muito fortes e sinaliza um grande dom para as artes.
- **Vermelho**: É um sinal de grande energia, de força e de vitalidade. Pode ser também um sinal de mentira em uma conversação.

- **Turquesa**: Esta cor demonstra uma natureza pacifista, talentos para a cura e uma vibração espiritual bastante elevada.
- **Verde**: É indicativo de que a pessoa tem dons de cura, bem como de uma natureza serena orientada para a cooperação e a ajuda.
- **Violeta**: Esta cor é a marca de uma espiritualidade muito grande.

OS CORPOS SUTIS

Antes de descrever de modo detalhado os chakras, é imprescindível mencionar que cada um deles é ligado a um invólucro etérico ou intangível, que desempenha um papel importante em nosso organismo, quer tenhamos ou não consciência disso.

Esses invólucros formam a aura; cada um de nós tem todos esses invólucros etéricos.

O corpo etérico básico ligado ao chakra da base

O primeiro nível é o corpo etérico; ele é ligado ao chakra da base. Esse corpo é formado por finas linhas energéticas, um pouco como uma rede de feixes luminosos que cintilam. A estrutura luminosa desse invólucro atua como um campo de força que serve de ponto de ancoragem para o nosso corpo físico. Ela está constantemente em movimento, mais ou menos como um campo elétrico. Nós podemos comparar o fenômeno à luminosidade que envolve um fio de alta tensão e que a maior parte de nós pode perceber numa noite quente e úmida de verão. É uma analogia um pouco simplista, mas que dá ao menos uma ideia do que estamos falando.

Esse corpo tem uma proteção que vai do azul-claro ao cinza; o azul é associado a uma pessoa sensível, com um corpo físico delicado, enquanto o cinza é, geralmente, associado a um tipo atlético de pessoa, cuja constituição é mais robusta. Este corpo é o primeiro invólucro e também o mais fácil de perceber. Nós podemos começar com nossas próprias mãos, movendo-as uma contra a outra até percebermos uma sombra azulada se formar entre os dedos. Em seguida, coloquemos alguém diante de um muro branco ou uma superfície de cor preta ou azul-escura, com uma iluminação suave. Com um pouco de paciência, poderemos perceber um brilho azulado envolvendo seu corpo, como um campo de força. Com a prática e uma boa dose de perseverança, poderemos ver desenhar-se mais claramente o corpo etérico, depois os chakras, que aparecem como discos luminosos na parte da frente do corpo.

Nesse invólucro, os chakras são todos da mesma cor que o restante do corpo etérico. O que os distingue é o movimento circular, no sentido dos ponteiros de um relógio. É também interessante destacar que os órgãos internos do corpo físico aparecem, nesse revestimento etérico, envolvidos por uma forma azulada brilhante: qualquer mancha que apareça sobre determinado órgão é sinal de um desequilíbrio nele. É no nível do corpo etérico que se encontra a matriz celular básica para assegurar a reprodução de nossas células.

O corpo emotivo ligado ao chakra sexual

O segundo nível é o corpo emotivo; ele está ligado ao chakra sexual. Sua estrutura é mais fluida que a do corpo etérico, embora ela siga aproximadamente os contornos do corpo físico. Esse corpo tem todas as cores do arco-íris, e os tons podem ser brilhantes ou foscos, claros ou difusos, conforme as emoções subjacentes.

Quanto mais viva e clara for uma emoção, mais as cores serão brilhantes e claras; ao contrário, quanto mais confusa e sombria uma emoção, mais as cores serão difusas e esmaecidas. Este invólucro é bem fácil de ser percebido, mas ele é bastante desigual e oscila com as emoções. Na verdade, ele aparece como pontos coloridos que brotam do corpo; é esse corpo que é visto quando as pessoas visualizam a aura.

Os chakras aí aparecem como círculos coloridos luminosos, que seguem de alguma maneira a gradação do arco-íris, com a exceção do último, que é branco, em vez de violeta.

- Chakra 1: vermelho;
- Chakra 2: laranja;
- Chakra 3: amarelo;
- Chakra 4: verde;
- Chakra 5: azul-claro;
- Chakra 6: índigo;
- Chakra 7: branco.

Um estado de depressão é marcado por pontos cinza e pretos, em lugar das cores. Se as cores dos chakras são manchadas, isso demonstra um problema específico no nível do chakra em questão.

O corpo mental ligado ao chakra do plexo solar

Este invólucro ocupa uma frequência mais elevada que os dois primeiros e sua estrutura está associada aos pensamentos e aos processos mentais. Ele é de cor amarela e segue os contornos do corpo do qual tem a estrutura. Todos os nossos pensamentos, todas as nossas ideias brotam neste nível e aparecem como formas mais ou menos brilhantes conforme a clareza de um pensamento, a força de uma ideia, o grau de engajamento em um projeto ou o nível de concentração. Estas *formas pensadas* assumem a cor de nossas emoções subjacentes ou, mais precisamente, pontos coloridos ligados a nossas emoções se sobrepõem sobre as formas de nossas ideias.

Os grandes projetos, as ideias geniais, provocam literalmente o rompimento desse envoltório, cuja energia revitaliza, então, os outros corpos etéricos. Como está ligado a um processo essencialmente mental, é um pouco mais difícil de perceber esse envoltório individualmente. A causa principal desta dificuldade reside no fato de que, como seres humanos, nós estamos na aurora da verdadeira consciência intelectual. No passado, a educação e os conhecimentos não eram realmente acessíveis senão a um grupo muito pequeno de pessoas. Nos últimos cinquenta anos, a educação se expandiu em todas as camadas da sociedade e nós tiramos proveito, portanto, conscientemente, de nosso processo de pensamento. À medida que nos tornamos plenamente conscientes de nossas capacidades analíticas, desenvolvemos este corpo etérico de modo mais perceptível.

O chakra do coração, um ponto que liga o material e o espiritual: um caso particular

Este nível tem uma importância particular: ele constitui a ponte entre os três envoltórios precedentes – que são ligados pontualmente ao nosso corpo físico e à realidade material – e os três envoltórios subsequentes – que são ligados essencialmente à realidade espiritual. Como nós formamos um todo, opera-se uma troca de informações e de energia constante entre os três primeiros níveis e os outros, mas existem diferenças entre a energia proveniente dos corpos ligados diretamente ao aspecto material de nosso ser e os níveis cinco, seis e sete.

Quanto ao quarto nível, especificamente, ele transforma essas energias e as torna compatíveis com o nível ao qual a energia se destina. Os corpos etérico, emotivo e mental produzem uma energia, associada ao corpo e à realidade física, que é mais substancial que a energia produzida pelos corpos seguintes, que é de natureza psíquica; os dois são, portanto, incompatíveis. O quarto nível, por intermédio do chakra do coração, serve como elo entre as dimensões material e espiritual. Entretanto seu papel não se resume a isso: o chakra do coração filtra as energias e as transforma, de modo que a energia proveniente do plano material possa circular sobre o plano espiritual e vice-versa.

O corpo astral ligado ao chakra do coração

O envoltório astral não tem forma definida; ele se compõe de nuances violetas pontuadas de toques de cores semelhantes as do corpo emotivo, mas com tonalidades mais puras. O corpo astral está associado aos sentimentos, que são de natureza mais consistente ou menos volátil que as emoções. Os chakras têm aí a mesma gama de cores que o segundo nível, com exceção do chakra do coração, que cintila em um rosa vibrante quando a pessoa é amorosa. Quando duas pessoas se apaixonam, podemos ver arcos luminosos de cor rosa se formarem entre os chakras de seus corações. No caso de uma relação que dura já há muito tempo, outras ligações se formam entre os diferentes chakras; quanto mais longa é a duração dessa relação, mais sólidos e numerosos são os cordões de energia que os unem. O papel do corpo astral é complexo e essencial para todo desenvolvimento físico e psíquico. Nós abordaremos com mais profundidade este assunto quando descrevermos o chakra do coração. Veremos, também, a importância do perdão para liberar este chakra de maneira harmoniosa.

O corpo etérico modelo ligado ao chakra da garganta

Este envoltório é assim chamado porque contém todos os elementos do corpo físico na forma de plano ou de modelo. Este corpo serve de gabarito ao corpo etérico do primeiro nível, o qual, por sua vez, serve de modelo ao corpo físico. O corpo etérico modelo contém a forma perfeita de nosso corpo. Este nível corresponde, no plano espiritual, ao nosso corpo físico; a energia que ele projeta permite ao nosso corpo se aperfeiçoar.

Para manter nossa existência física, temos necessidade da energia do corpo etérico do primeiro nível, assim como da energia do corpo etérico modelo do quinto nível. O problema está na natureza da energia ou em sua qualidade. A energia do primeiro nível provém de elementos ligados diretamente ao mundo material, físico: todos os males, todas as imperfeições que afligem nosso corpo, se transpõem sobre o corpo etérico. Isso não acontece com o corpo etérico modelo, que preserva o plano de nosso corpo.

É aqui que podemos compreender a importância do chakra do coração em seu trabalho de transformação da energia. Quando a energia do primeiro nível chega ao chakra do coração, ela envia uma mensagem ao quinto nível, que pode responder enviando a energia necessária para o restabelecimento do corpo físico. Esta energia espiritual, que contém os elementos de cura do corpo, passa para o chakra do coração, que a adapta à frequência do corpo etérico. A troca pode se realizar graças ao ponto formado pelo quarto chakra.

O corpo celeste ligado ao chakra do terceiro olho

O corpo celeste é um invólucro luminoso opalescente, um pouco como a madrepérola, com reflexos dourados e prateados. Ele pode parecer sem forma em razão de sua luminosidade e dos raios de tom pastel que emanam de seu centro.

Este nível corresponde às emoções espirituais; é o nível em que atingimos o êxtase místico, ou em que o ser compreende que é uno com o universo. Todas as experiências místicas e religiosas são sentidas neste nível. Quando um ser chega a este nível de consciência com a ajuda da meditação e de outros exercícios, ele percebe a luz e o amor em tudo o que existe. Impregnado de luz, ele sente a fusão última com Deus. Neste momento, um canal se abre entre seu chakra do coração e seu chakra celeste, onde flui uma corrente de amor incondicional. Esta ligação entre os dois chakras permite a combinação entre o amor que sentimos pelos seres e o universo, e o êxtase místico decorrente do amor espiritual que transcende a realidade material. Desta união nasce o amor incondicional.

Este corpo etérico é também sede de nossas faculdades extrassensoriais, de nossos talentos psíquicos. Nós apenas começamos a redescobrir esses dons; consequentemente, inúmeras facetas e características deste invólucro nos escapam.

O corpo causal ligado ao chakra da coroa

Este corpo aparece na forma de um ovo de luz dourada que envolve todos os outros invólucros astrais. É um nível complexo, em que se encontram todas as informações sobre nosso plano de vida, nossas encarnações anteriores, nossas limitações ou nossas restrições, as coisas que temos que controlar no curso de nossa encarnação corrente, e assim por diante. Em resumo, este invólucro contém tudo o que somos e o que fomos. É também nossa principal fonte de energia, que assume a forma de uma corrente dourada que circula de alto a baixo, ao longo de nossa coluna vertebral. No meio do ovo, podemos ver a forma de um corpo dourado com todos os seus chakras, reproduzindo fielmente a forma do nosso corpo físico.

Nós podemos afirmar que a aparência deste invólucro dá a impressão de estarmos no meio de uma onda de luz que vibra a uma frequência muito rápida. Poderíamos quase ouvir o som. Este seria o último nível, diretamente ligado a nossa encarnação atual.

Os níveis subsequentes

Mais além, situa-se o nível cósmico, ligado aos oitavo e nono chakras, que se encontram acima de nossa cabeça. Estes corpos etéricos têm uma aparência cristalina bastante fluida. Quando nós nos servimos da energia psíquica, como a do reiki, estes corpos fluidos brilham e são ligados aos sete primeiros chakras.

Por enquanto, vamos nos concentrar nos sete primeiros níveis.

OS TRÊS PRIMEIROS CHAKRAS: O CORPO

O PRIMEIRO CHAKRA: O CHAKRA DA BASE — MULADHARA — O CHAKRA DA TERRA

Fisicamente, o chakra da base se situa na base da coluna vertebral, entre o órgão sexual e o ânus. É a sede da energia vital e das glândulas suprarrenais.

A representação tradicional

Muladhara significa "raiz" em sânscrito. É a base, nossa ligação com a realidade material. É o primeiro chakra, aquele cuja ressonância é a mais baixa no que diz respeito à frequência. Seu bom funcionamento é essencial e ele é ligado à sobrevivência do nosso ser. Entenda como o chakra da base é visto pelas diferentes culturas, pelos diferentes sistemas de crença.

O sistema hindu representa o *Muladhara* como uma flor de lótus de quatro pétalas, tendo, em seu centro, um quadrado. No meio do quadrado se encontra um triângulo, que encerra uma coluna de energia (o *Sushumna*) e avança para baixo. A orientação do triângulo nos indica que este chakra tira sua energia do Sol. No centro do triângulo encontramos a deusa *Kundalini*, que, na forma de uma serpente, se enrola em torno do *Lingam Shiva*, que aponta para o alto. Embaixo do triângulo, um elefante com sete trombas, chamado *Airavata*, representa o aspecto material e sólido do chakra; nós podemos também compará-lo a *Ganesha*, o deus com cabeça de elefante da mitologia hindu.

Outras divindades são ligadas a este chakra: estamos falando de *Brahma*, criança de cinco faces, e da deusa *Dakini*, que manifesta a energia divina feminina *Shakti*. Ela é aqui representada com a lança, a espada, a taça e o crânio. Por baixo do triângulo, nós podemos ver um pictograma que representa *Lam*, o som do chakra, um mantra bastante útil para revitalizar o chakra da base.

A ancoragem e a sobrevivência

Este primeiro chakra representa nosso ponto de ancoragem com a terra, com a realidade material. É o centro da energia que interessa à sobrevivência no nível mais elementar que conhecemos: permanecer vivo. Em geral, quando falamos de chakra e de espiritualidade, pensamos em coisas do espírito, mas é preciso nunca esquecer que, para se ocupar das coisas espirituais, é necessário antes ter um corpo que nos permita acompanhar esse tipo de conversação. Este é o papel do chakra da base, essa raiz que nos liga à terra e ao universo físico e que deve preservar nossa existência. Este ponto de ancoragem é essencial a uma espiritualidade sadia.

Como já vimos no primeiro capítulo, a Terra é também composta de átomos e, em consequência disso, sua rotação em torno do Sol é semelhante a do elétron, que gira ao redor do núcleo central. O elo entre o primeiro chakra e a Terra é muito poderoso. É o que nos permite existir e sobreviver no mundo material de modo coerente. Em nosso nível de evolução, nós não poderíamos existir sem esse elo.

Sejamos realistas: sem nosso corpo, não poderíamos viver sobre este plano. Ignorar essa realidade corresponde a um suicídio: nós não poderemos evoluir se desprezarmos nossas necessidades primárias. Por esse motivo, não é possível existir harmonia verdadeira se recusarmos este elo com a realidade material.

O nível de consciência do chakra da base é o da sobrevivência; ele é representado pelos reflexos fundamentais que temos diante do perigo, por nossos instintos e pela vontade de viver em paz em um meio ambiente ecologicamente estável. É essencial equilibrar primeiro este chakra, porque ele constitui a pedra angular sobre a qual o edifício de nosso ser e de nossa consciência se constrói. Se a base for instável, o restante da construção desmoronará um dia ou outro.

O principal problema que enfrentamos em relação ao chakra da Terra está no nível das crenças religiosas. A maioria das religiões considera o corpo como um entrave à espiritualidade. Por exemplo, certos praticantes de yoga acreditam que somos aprisionados em nossos envoltórios carnais e que aguardamos ser libertados como se eles fossem uma prisão. Essa percepção é partilhada por numerosas seitas budistas, para as quais a espera do nirvana coincide com o desinteresse total pelo corpo e por todos os aspectos materiais da existência. A cristandade considera também frequentemente o corpo como uma coisa feia e suja, que deixaremos um dia para entrar no paraíso, domínio exclusivo das almas.

É necessário, portanto, se render à evidência: o corpo físico, tão importante em si mesmo, não representa senão uma faceta do nosso ser. Ignorá-lo ou enxergar apenas a ele nos aprisiona em uma armadilha que nos impede de aproveitarmos adequadamente os recursos e as oportunidades que nos são oferecidos quando estamos encarnados.

O chakra da base é o ponto de partida, o começo; é o ponto de ancoragem que nos permite viver o momento presente e desfrutá-lo plenamente. É por meio desta raiz que chegamos a nos nutrir, a adquirir o poder e a estabilidade que nos permitirão crescer e evoluir. É por intermédio deste chakra que nossas ideias se materializam; é no plano físico que testamos nossas teorias e que desenvolvemos a aprendizagem de nossas crenças. É o plano em que podemos liquidar nossas dívidas kármicas para purificar nossa alma. A evolução, é aqui que ela nos é permitida, é por meio das experiências do corpo que nós avançamos e que podemos atingir nossos objetivos espirituais. Acontece que investimos com muita frequência em nossas buscas intelectuais em detrimento de atividades físicas, tendo a certeza de que a sabedoria do espírito é superior à do corpo. Esse tipo de raciocínio provoca sentimentos de desconforto e de culpa diante de nossas funções naturais; o aleitamento de uma criança, a nudez, a sexualidade, o parto, a morte são atos que se realizam quase em segredo, como se fossem vergonhosos, como se, ignorando-os, eles não existissem. Esse tipo de comportamento nos distancia da realidade de nosso corpo e da harmonização do chakra da base e, consequentemente, da harmonização dos outros chakras que se seguem. É preciso não esquecer que, para atingir os estados superiores, os chakras denominados inferiores devem estar em harmonia.

Nós precisamos, portanto, aceitar os limites que nosso corpo físico nos impõe; esta é a chave da verdadeira tomada de consciência. Quando estamos bem ancorados, nós nos damos conta da importância do momento presente; porque, no plano físico, o passado e o futuro não existem verdadeiramente. O único momento em que nós podemos, realmente, fazer um gesto é no presente: "antes" e "depois" não passam de ideias.

Quando nós nos ancoramos, quando temos os pés bem firmes sobre a terra, administramos melhor nosso estresse, porque o chakra da base é um condutor pelo qual o acúmulo de energia nervosa, quer seja ela de origem física, emotiva ou psíquica, pode escapar e retornar ao solo. A cada exercício de relaxamento que fazemos, canalizamos nosso estresse para a terra.

Outra vantagem que descobrimos trabalhando com o chakra da base é que, quando relaxamos, fazemos em silêncio a ronda infernal de nossos pensamentos. Fazendo isso, permitimos a nosso espírito clarear. Paramos tudo, e é nesse momento de calma que a ideia surge, que somos capazes de avaliar um problema ou uma situação com a ajuda de todos os nossos recursos, conscientes e inconscientes. É o momento em que podemos agir e modificar nosso destino.

A importância do ponto de ancoragem é vital para evoluir corretamente. O principal problema atualmente é que, como dedicamos tanto interesse a nossas faculdades intelectuais e espirituais, os chakras superiores estão quase sempre muito abertos, enquanto os chakras inferiores não funcionam com plena capacidade ou somente funcionam em caso de urgência. Embora o nível de consciência do primeiro chakra seja a sobrevivência, trata-se da sobrevivência em seu sentido mais amplo, a do nosso corpo, mas também a da alma e de sua evolução.

Para nos dedicarmos adequadamente a nossa espiritualidade, é preciso primeiro satisfazer as nossas necessidades essenciais. Se ignorarmos esta regra, manteremos nosso espírito ocupado neste nível de consciência e se tornará praticamente impossível evoluir espiritualmente. É preciso nos conscientizarmos de que, se nosso espírito se inquietar por conta de saber onde viveremos, se teremos o suficiente para comer, e assim por diante, haverá boas chances de que nosso desenvolvimento espiritual seja prejudicado. Esse instinto de sobrevivência nos faz voltar ao tempo da pré-história, quando o homem devia, sempre, se manter alerta para se proteger contra todos os perigos.

A humanidade evoluiu de lá pra cá. De fato, estamos ocupados com o quinto chakra, e a Era de Aquário deveria nos fazer evoluir em direção ao chakra do terceiro olho. No entanto o instinto de preservação está sempre presente e devemos estar conscientes disso. Satisfazer as suas necessidades primárias permite passar para outra coisa. É preciso ir mais longe que a simples sobrevivência e reconhecer nosso próprio valor intrínseco.

O SEGUNDO CHAKRA:
O CHAKRA SEXUAL — SVADHISTHANA —
O CHAKRA DA ÁGUA

O segundo chakra está situado no nível dos ovários, nas mulheres, e dos testículos, nos homens.

A representação tradicional

O segundo chakra corresponde ao elemento Água; é também o centro da sexualidade e da reprodução. Em sânscrito, seu nome provém da raiz *svad*, que significa "tornar mais suave, mais doce"; o que nos remete à lembrança dos doces prazeres da sexualidade. Seu símbolo hindu tem seis pétalas geralmente de um vermelho-alaranjado; ele tem também uma Lua crescente, assim como uma flor de lótus, na qual se encontra outra flor de lótus. O som correspondente a este chakra é *VAM*. No interior da Lua se encontra um animal que chamamos *macara*, uma espécie de jacaré com uma cauda semelhante à de um peixe; ele é enrolado sobre si mesmo, o que nos lembra a Kundalini espiralada. O *macara* é tido como uma criatura representativa do desejo e das paixões que devemos controlar para sermos dignos de passar para outro plano. Podemos, também, interpretar a presença desse animal como uma representação de nosso subconsciente e de nossos instintos primitivos, que permanecem adormecidos em nosso íntimo, seja qual for o nível de sofisticação.

Os canais de energia masculina e feminina, chamados *Ida* e *Pingala*, são comandados por *Shiva* e *Shakti* e nos fazem tomar consciência da dualidade presente em cada um de nós. Esses dois canais surgem no chakra da base e se entrecruzam no nível do segundo chakra; isso simboliza que o equilíbrio entre os dois tipos de energia é necessário e que para tirar proveito disso plenamente não é necessário nos deixarmos ir aos extremos. É um dos desafios do segundo chakra: a exaltação da dualidade sem nos vermos presas de um ou de outro.

A transformação e a mudança

Quando avançamos neste nível, entramos em um domínio de transformação. O que era sólido se liquefaz; enfrentamos a dualidade. Ganhamos um grau de liberdade, mas também um grau de complexidade. A Terra é um elemento sólido, estável; a Água é um elemento móvel, que muda de forma constantemente. Nosso nível de consciência se expande, percebemos que a diferença existe. Nossa compreensão de nós mesmos nos faz descobrir a presença do outro. É tomando consciência do outro que o desejo desperta e, com ele, nossas emoções e nossa sexualidade. Não é mais o caso de sermos nós mesmos, é preciso agora se compor com o outro, o complemento de si. Com esta realização chega o desejo de nos juntarmos ao outro, de ultrapassarmos nosso estado de ser e de crescermos nos unindo ao outro.

A mudança é um elemento fundamental da consciência. É o que atrai nossa atenção, que a estimula; é o estudo dos contrastes. Foi primeiro pela observação dos fenômenos naturais que o homem se voltou para o céu, para descobrir a razão das mudanças de estações, de temperatura. A curiosidade de conhecer o que se encontra do outro lado da colina permitiu à humanidade se desenvolver. Nossa inteligência se nutre de informação. O *I Ching*, ou "Livro das Mutações", é baseado no princípio da mudança. O tipo de mudança de que ele trata gira em torno do conceito do yin e do yang, os princípios masculino e feminino que estão em constante interação para se manter em equilíbrio. O segundo chakra funciona sobre esse princípio de dualidade; é a segunda pedra do edifício de nossa consciência, sobre ao qual se constroem as seguintes. A polaridade entre os dois extremos cria o movimento, que se mostra ser a característica essencial da energia, da matéria e da consciência.

Sem movimento, o universo seria estático, seria também vazio de matéria, porque é a circulação dos elétrons que a forma. O segundo chakra é, por sua natureza, yin; ele corresponde às qualidades conhecidas por femininas: a receptividade, as emoções e a faculdade de nutrir. A capacidade de dar a vida é também feminina em sua essência, da mesma forma que a água, que se adapta aos limites de seu contentor, que segue o caminho de menor resistência, ganhando rapidez e poder ao longo do caminho.

Este chakra é também ligado à Lua. Como a Lua influencia as marés, nossos desejos e nossas paixões podem movimentar vastos oceanos de energia. A dualidade deste chakra se faz notar em todos os aspectos. Alesteir Crowley* fez uma descrição do desejo bastante interessante e bem pertinente: "O desejo é a necessidade sentida por cada indivíduo de expandir suas experiências, combinando-se com o seu oposto." Um belo exemplo de dualidade! Tentando alcançar o outro,

---

* Alesteir Crowley é, provavelmente, uma das figuras mais controversas da época moderna, respeitado por uns por seu saber enciclopédico sobre a cabala e seus numerosos textos esotéricos, repudiado por outros pelo uso que fazia das drogas e por suas práticas sexuais desenfreadas. Ele é responsável, em grande medida, pelo ressurgimento da bruxaria.

estamos diante da diferença; isso nos estimula e desafia nossa própria existência. Nosso desejo se torna então uma necessidade de prolongar nosso eu, e é desta maneira que evoluímos. É necessário admitir que toda ação sem desejo terá falta de vitalidade. O desejo é a expressão de nossas necessidades físicas, emotivas e espirituais. Desde os primeiros instantes da vida, nós desejamos alguma coisa: o alimento, o calor, a proximidade dos outros; esses desejos são necessidades que nos acompanham ao longo de nossa vida. Sem esta forma de desejo, não existimos. Com o desejo deve também crescer nosso senso de equilíbrio; um desejo que desconsidere todo o restante pode nos prejudicar e nos desequilibrar.

O princípio do prazer

Como acabamos de ver, o desejo convida ao movimento, à transformação, mas o que faz nascer o desejo é a busca do prazer. O prazer é uma das características fundamentais do segundo chakra: ele é essencial para manter o corpo saudável e harmonizá-lo, para regenerar o espírito, assim como para dar seguimento às relações tanto no plano pessoal quanto cultural ou social.

Se falar de prazer em uma obra sobre os chakras e os corpos sutis pode parecer curioso é porque temos uma consciência distorcida do que seja o prazer. Infelizmente, muitos dentre nós têm uma concepção errônea deste princípio: nós o consideramos, na maioria das vezes, uma tentação perigosa que espreita o momento propício para nos desviar do caminho correto. Na história da cristandade, Adão e Eva nada fizeram para mudar as coisas: a mulher é descrita como cúmplice do Demônio, que introduz o homem no vício e na luxúria.

A partir deste tipo de ensinamento, aprendemos rapidamente a abrir mão de nossa necessidade de prazer e, assim fazendo, reprimimos nossos impulsos naturais e separamos nosso espírito do nosso corpo. Nós hesitamos em nos proporcionar os mais simples prazeres da vida, como alguns instantes de sono a mais, roupas confortáveis, um descanso depois do almoço. É importante estarmos conscientes de que esta repressão vem do nosso espírito, e não do nosso corpo.

Como seres humanos, nós temos uma tendência natural de buscar o que nos dá prazer e evitar o que se mostra doloroso. Este é, fundamentalmente, o princípio do prazer. Este princípio é bastante similar ao da sobrevivência; é um instinto primário, bem próximo daquele do primeiro chakra. No nível do segundo chakra, a dor é interpretada como sinal de que alguma coisa vai mal, de que o organismo está em perigo. Quanto ao prazer, ele denota uma resolução do problema e um sinal de que o espírito pode se ocupar de outra coisa. Mas o princípio do prazer vai muito além do que a simples sobrevivência. É preciso reconhecer que existe uma quantidade de coisas agradáveis que não têm nada a ver com a sobrevivência, que certos prazeres podem se mostrar desastrosos para ela. Os abusos de drogas e álcool, por exemplo, não levam senão à deterioração do nosso corpo e do nosso espírito. Por outro lado, a busca de alguns outros prazeres pode, frequentemente, nos levar a trabalhar além da conta para obtê-los e, no longo prazo, o corpo pode exigir cuidados devido a isso.

Neste chakra, tudo o que se refere a esse centro de energia está caracterizado pela dualidade. É fácil cair na armadilha do segundo chakra e dedicar a ele mais tempo, em detrimento dos outros. Nós podemos nos atolar perseguindo o prazer a todo preço, como podemos ficar enredados querendo reprimi-lo e evitá-lo custe o que custar. O segredo está no equilíbrio; a harmonização deste chakra se dará quando encontrarmos o justo equilíbrio, evitando os extremos.

É pelo prazer que podemos estabelecer uma melhor comunicação entre nosso espírito e nosso corpo. É por meio do prazer que aprendemos a dar uma parada e a nos desembaraçar das tensões. Uma vez que esta providência seja tomada, a energia pode correr livremente por meio de todo o nosso sistema, sem medo de embaraços. Este fluxo harmonioso cria um ritmo que acalma nosso sistema nervoso.

É necessário reconhecer, também, que a informação é veiculada pelas sensações que percebemos em todos os nossos níveis de consciência. Ignorar os sentidos e os dados que são assim obtidos equivale a nos apartar de nossos sentimentos e de nossas emoções. Estes, é bom lembrar, desempenham um papel importante em nosso cérebro, porque é ele que envia a energia psicológica para todo o nosso sistema, assim como ocorre em nosso espírito, que envia a energia psíquica, também necessária a nossa sobrevivência.

Devemos fazer aqui a distinção entre as sensações e as emoções. As sensações são obtidas como resultado da repetição de um estímulo, prazeroso ou não. Quando essa estimulação resulta de muitas repetições, nosso corpo a registra e a ressonância dessa ação causa uma sensação. Já as emoções provêm do impacto da consciência sobre o nosso corpo. A emoção é produzida quando fazemos a ligação entre uma sensação e a informação que provém do nosso espírito na forma de pensamentos. As duas forças combinadas colidem, e o resultado decorrente é a resposta emotiva. Consideremos o seguinte exemplo: entramos em um cômodo e percebemos alguém deitado. Nossa primeira impressão pode ser a de que essa pessoa simplesmente está dormindo e classificamos a informação, nada além. Por outro lado, se, ao entrar no cômodo, nós nos dermos conta de que essa pessoa está morta, o impacto dessa informação causará uma reação emotiva.

Digamos, simplesmente, que as diferenças entre sensação e emoção são sutis; podemos avançar um pouco e afirmar que as sensações precedem as emoções, que elas são mais vagas, menos tangíveis. Isso é um pouco como a diferença que existe entre o fato de sentir alguma coisa por qualquer pessoa ou por alguém que amamos.

É no nível das sensações que encontramos a intuição, a faculdade de pressentir um acontecimento ou de reagir ao contato com uma pessoa, sem que para isso tenhamos muita informação para racionalizar o comportamento. Infelizmente, esta é também a razão por que damos tão pouca atenção a essas sensações. É preciso considerar que as emoções fazem tudo para manter-se em destaque o maior tempo possível. Quando deixamos nossas emoções atravessarem nosso corpo e se manifestarem, permitimos a nossa consciência se liberar; ao contrário, quando as reprimimos ou as guardamos dentro de nós, bloqueamos o fluxo de energia e alimentamos um turbilhão de emoções que se nutre dele mesmo e que acaba consumindo nossa energia vital. Dar vazão a nossas emoções, expressá-las, nos leva a uma sensação de bem-estar, uma sensação de prazer; reprimi-las ou silenciá-las resulta em tensões e dores. Voltando-nos para o prazer, ficamos em harmonia com o fluxo natural de nosso organismo, encorajamos o movimento, a transformação. Seu contrário leva à estagnação. Expressar nossas emoções, fazê-las sair, relaxa a tensão em nosso corpo e nosso espírito, e podemos mais facilmente ascender aos níveis superiores de consciência. É preciso, também, lembrar que o que causa, geralmente, o abuso do prazer é a tendência em reprimi-lo constantemente. Isso nos leva a ficar famintos desses prazeres proibidos, o que provoca os excessos, que, por sua vez, transformam o prazer em dor. A chave da harmonização de nosso segundo chakra reside na justa medida. A dor é um indicativo de que estamos no mau caminho.

O TERCEIRO CHAKRA: O CHAKRA DO PLEXO SOLAR — MANIPURA — O CHAKRA DO FOGO — O CHAKRA DO PODER

O terceiro chakra está situado em torno do umbigo e do plexo solar; ele controla o pâncreas.

A representação tradicional

Manipura quer dizer "joia cintilante" em sânscrito. Esse nome é inspirado no fato de que este chakra brilha como o Sol; é um centro luminoso em todos os níveis de nossos invólucros sutis. Seu símbolo é o lótus de dez pétalas, com um triângulo em seu centro que aponta para baixo e que é cercado de três *swastikas* (suásticas) em forma de "T", que representam o símbolo hindu do fogo. Este sistema se assemelha, parcialmente, ao poder de controlar nosso meio ambiente com o poder de manipulação de nossas mãos, a destreza de nossos dedos, em número de dez, que se estendem para o mundo para se apoderarem dele. O "10" é também o símbolo do começo, o início de um novo ciclo que indica nossa entrada em um novo patamar de consciência.

Sempre no interior da flor de lótus encontramos uma representação do carneiro, um animal forte associado a *Agni*, o deus hindu do fogo. Este chakra é protegido por *Vishnu*, na forma de *Rudra* e sua parceira *Lakini*, uma *Shakti* com quatro braços e três faces, que distribui favores e medos, conforme o caso. O mantra no interior do lótus é *RAM* e afirma-se que meditar com o som desse mantra dá o poder de criar e de destruir o mundo.

O fogo representa a ação, é a faísca brotando entre *Shiva* e *Shakti*, as forças opostas entre os dois polos. O fogo conserva o calor em nosso corpo e nos energiza para que possamos transformar nosso meio ambiente. Quando sentimos frio, não conseguimos agir e nossa energia é bloqueada em oposição à ação. O Fogo é um elemento essencialmente yang e, consequentemente, o terceiro chakra também o é. Devemos fazer circular a energia para transformar nossa existência.

O fogo, o poder e a vontade

Começamos pela base, que é a Terra, um elemento estável, para nos dirigir em direção à Água, elemento fluido, e estamos agora no domínio do Fogo. O elo entre os dois primeiros chakras estava evidente, porque os dois são diretamente ligados à nossa sobrevivência. O foco do terceiro chakra é a transformação; o fogo transforma a matéria em calor e em luz, e este chakra transforma a energia do primeiro chakra, restaurando-a. Ele faz o mesmo com a energia da água, transformando-a em potência energética. Os dois primeiros chakras são voltados para a matéria, para a Terra, e o terceiro, destruindo a forma e a transformando em energia, a faz elevar-se ao nível superior, o do *tamas*.

O segundo chakra nos fez tomar consciência da dualidade que existe entre a estabilidade e o movimento, entre a luz e a escuridão, a base e o alto, a diferença entre o passado e o futuro. Com o terceiro chakra, nós descobrimos o impacto da mudança sobre a própria matéria. A transformação que ocorre quando a madeira se transforma em calor, quando a matéria se faz energia. O segundo chakra descrevia a diferença entre os estados, o terceiro nos faz compreender a transformação de um estado em outro.

À medida que progredimos ao longo da cadeia de chakras, saímos de nosso universo físico restrito e dirigimos nossa atenção sobre dois pontos específicos, descobrindo a relação entre eles.

Entre a dualidade, a polaridade dos elementos, reside o poder. Como prova, mencionamos a eletricidade, a atração entre os sexos que resulta na criação de uma nova vida. O poder não existe realmente em nenhum dos polos, mas está entre eles. Esta é a lição do terceiro chakra, o chakra do poder.

Quando alcançamos esse nível, nós nos elevamos acima da polaridade, nossa perspectiva se expande para abarcar o conceito da força dinâmica. Nós transcendemos o início de nossa edificação, ligada à terra e às nossas emoções, para nos juntarmos à ação. Começamos a compreender que nossos desejos devem ser guiados e não controlados; que devemos dirigir nossas paixões, cavalgá-las, sem nos deixar levar por elas. O segundo chakra nos propôs escolhas, e dessas escolhas nasce a vontade. A vontade é a combinação consciente do espírito e da ação; é por meio dela que transcendemos a inércia, é a centelha que acende a chama, fazendo nascer nosso poder pessoal.

O terceiro chakra produz a energia criativa que energiza o ciclo completo e lhe permite viver. Todos os chakras são interdependentes; um problema em determinado nível afeta a todos os outros. Eles produzem a reação de causa e efeito juntos. À medida que progredimos, percebemos que o terceiro chakra tem mais elementos mentais que os dois primeiros. Na verdade, poderíamos dizer que o chakra do plexo solar é o primeiro nível do nosso intelecto. É a sede do racional, da lógica e do factual. É o nível da consciência das formas que nós podemos medir, os objetos tangíveis.

Este chakra é mais orientado para a física que para a filosofia e as artes. Ele nos permite realizar nossos desejos pelo aprendizado de como podemos conquistá-los. Os conhecimentos adquiridos com este chakra são voltados para as ciências, a tecnologia e a política; eles nos permitem controlar e manipular nosso meio ambiente da mesma forma que nosso corpo físico. Mas há aí uma contradição: de um lado, o controle restringe o fluxo energético e implica uma separação, e, de outro, ele é resultado de uma combinação e de elos. É por isso que nosso intelecto, separado do nosso corpo, perde o sentido de ser completo. À medida que formos definindo o que é o poder, teremos como nos dar conta de que devemos redefini-lo em nossa vida, que devemos examinar os conceitos que se referem a ele para aí incluir todas as facetas do nosso ser. Quando pensamos no poder, é bom parar de vê-lo como um substantivo e passar a vê-lo mais como um verbo, uma coisa ativa, uma ação que executamos e não um estado que resulta em controle.

Em virtude das inúmeras mídias, da organização de nossos governos, do progresso da tecnologia, das grandes sociedades, nossos conceitos relacionados ao poder e à energia se tornaram complexos demais. Algumas pessoas tomam decisões por milhares de outras. A relação de força é também diferente: a queda de um simples aviãozinho pode destruir uma grande parte de uma cidade e uma simples ligação telefônica poderia significar a destruição do mundo, acionando as armas nucleares. No que diz respeito à sobrevivência, a chave está agora nas questões de poder, de controle, de força política, de fontes de energia, tanto quanto de nossa liberdade pessoal. Antes de poder passar ao próximo chakra, o do coração, é preciso que redefinamos o que é o poder do ponto de vista individual: um poder que nos ajude a ganhar forças, que sirva para melhorar nossas condições de vida e permita, assim, nosso desenvolvimento e nossa evolução.

Do mesmo modo que o Sol nutre nosso desenvolvimento, ele nos faz erigir uma estrutura de poder que o fortalece. Uma estrutura que assegura a sobrevivência da espécie, em vez de colocá-la em perigo; que visa à cooperação, ao uso comunitário de nossos recursos, e na qual podemos ter confiança. É preciso que nos rendamos à evidência: atualmente, o pensamento dominante é baseado na separação entre as nações, as raças, as religiões, os países, até mesmo as cidades e os bairros. Por outro lado, não é necessário ir muito longe para vermos que, da mesma maneira que os átomos, nós somos partes de um todo. O tipo de pensamento que prevalece atualmente, quanto ao conceito de poder, demanda uma atenção constante; as pessoas devem ser, permanentemente, controladas; o poder, para se manter, deve intimidá-las, causar-lhes medo. Assim fazendo, confundimos o fato de ter poder com a dominação.

No sistema de chakras, o poder é visto de uma maneira totalmente diferente. O conceito que se relaciona ao terceiro chakra é de colaboração entre os níveis porque a força de um grupo ou de um organismo reside na solidariedade entre seus elementos, sua unidade e sua habilidade em combinar e coordenar suas forças internas. Quando consideramos o poder em função do controle e da dominação, queremos dizer que existe uma separação entre os diferentes elementos e que alguns são mais importantes que outros. Se nós nos detivermos por alguns instantes para pensar verdadeiramente nisso, veremos que é ridículo. Nossa cabeça é importante, mas são nossos pés que nos conduzem para onde queremos ir.

Isso nos conduz à vontade, nossa forma de poder pessoal mais evidente. A vontade é a combinação do nosso espírito e da ação. A direção consciente que damos a nossos desejos para colocá-los em prática. As necessidades primárias e as emoções dos primeiros chakras assumem uma nova dimensão quando o espírito começa a entrar no jogo. É o nível de consciência que nos permite compreender realmente que somos a causa das circunstâncias e que não somos de forma nenhuma as vítimas. Não podemos esperar que nosso universo seja justo, devemos agir. Temos a escolha, e é no nível do chakra do poder que nós tomamos as decisões. Quando este chakra funciona adequadamente, tudo vai bem; nós chegamos a realizar o que desejamos. Quando o terceiro chakra não funciona bem, ele usa o ciclo de nossos infortúnios para realizar o que nós não queremos. Todas as atividades destrutivas, principalmente a pobreza e a doença, têm seu próprio ciclo e, como as emoções, que querem a todo custo se perpetuar e podem influenciar o segundo chakra, essas atividades se utilizam da energia do terceiro chakra para continuar a viver. Por outro lado, o chakra do plexo solar não é passivo como o segundo chakra; ele pode chegar a romper o ciclo destrutivo englobando a razão subjacente dessas atividades. É esta energia da vontade que nos permite sair do ciclo de compaixão no qual nosso chakra da água pode se encontrar aprisionado tão facilmente. Não estamos dizendo que se deve ignorar o passado, mas sim incorporá-lo ao presente e trabalhar para mudar a situação. O objetivo de nossa vontade é conquistar o poder e transformar a inércia em movimento ou parar o movimento negativo para saber onde estamos e em qual direção devemos seguir.

Quando nos sentimos impotentes, não é porque nos falte vontade, mas simplesmente porque ela está mal orientada. Reconhecer que temos uma vontade e que ela funciona bem é admitir que podemos mudar as coisas, é o primeiro passo. É preciso também compreender que o reconhecimento da nossa vontade provém de um nível mais elevado no plano espiritual. É preciso aceitar este fato e construir a partir daí.

Como tudo, a vontade se torna mais forte quando nós a exercemos. Eis algumas maneiras de fazer isso:

- **Romper o círculo de inércia**. Façamos algo diferente. Se temos tendência à preguiça, façamos exercício; ao contrário, se somos hiperativos, fiquemos calmos e sem fazer nada. É a primeira maneira de estimular nossa vontade.

- **Cuidar de nós mesmos.** Se não fizermos isso, ninguém fará por nós. Conhecemos nossas necessidades melhor que ninguém.
- **Evitar nos justificarmos.** Desta maneira, evitaremos ser constantemente criticados. Não devemos dar este poder aos outros, e devemos nos lembrar das palavras de Albert Einstein: "As novas ideias são combatidas pelos que não as compreendem."
- **Deixar que as coisas sigam seu rumo.** Não nos envolvamos em relações que não funcionam ou que nos causam mal-estar. Podemos nos esforçar para que elas funcionem, mas não nos obstinemos. A energia que perdemos não mudará a situação e nos causará problemas, porque damos muito poder ao outro em tais condições.
- **Estar atento e concentrado.** Trata-se de concentrar nossa energia, de estarmos atentos ao que acontece ao nosso redor, de dar e receber atenção.
- **Exprimir nossa raiva.** Uma boa maneira de desbloquear o chakra do plexo solar consiste em liberar nossa raiva. Exprimir a agressividade que guardamos em nós e canalizá-la para o solo permite estabilizar o primeiro chakra e abrir mais o do plexo solar.
- **Adquirir novos conhecimentos.** Nunca será demais repetir: o conhecimento é o poder. Quanto mais coisas conhecermos, mais esclarecidas serão nossas decisões.

O QUARTO CHAKRA:
O PONTO

O QUARTO CHAKRA:
O CHAKRA DO CORAÇÃO — ANAHATA —
O CHAKRA DO AR —
O CHAKRA DO AMOR

O quarto chakra está situado entre os seios e o plexo solar; ele controla o timo.

A representação tradicional

Em sânscrito, o chakra do coração é denominado *Anahata*, que significa o som produzido sem que dois objetos se choquem. Portanto, isso nos coloca diante do que não é violado, do que é fresco e puro. Sua imagem é a de ausência de batalha para ser amado, ser apreciado. A luta pelo poder que lidera o terceiro chakra é substituída aqui pela aceitação. O elemento do quarto chakra é o Ar, o menos denso dos elementos físicos. Ele é associado ao conhecimento, ao amor e aos sentimentos. O ar é também o símbolo da liberdade, como um pássaro que empreende seu voo. É também o símbolo do que é purificado.

Sua representação hindu é o lótus de doze pétalas cercado de dois triângulos, formando uma estrela de seis pontas. Esses triângulos representam a descida do espírito no corpo e sua ascensão aos níveis superiores.

É no nível deste chakra que as energias cósmica e terrestre se combinam para criar um ponto entre os dois níveis. Bem abaixo do chakra do coração se encontra um pequeno lótus de oito pétalas: o lótus *Anandakanda*, que representa a árvore do desejo celeste, que provém do paraíso de *Indra*, o *Kalpataru*. Essa árvore mágica tem o poder de conceder favores, de concretizar o que temos vontade, seguindo a diretriz de nossos desejos mais profundos. Este chakra é protegido por *Vishnu* e *Lakshmi*, aqueles que preservam a unidade; seu amor é a força que une todos os níveis de nosso edifício pessoal. O animal que o representa é o antílope, outro símbolo de liberdade. Por natureza, este chakra é yin. É também o olho na tempestade; ele se situa no centro da espiral que une todos os outros chakras.

O amor, o equilíbrio das relações, as afinidades e a respiração

Mais uma vez, penetramos em um novo domínio de consciência. De fato, o nível de consciência do chakra do coração é único. Entramos em um domínio do espírito e deixamos aquele da matéria, dos desejos e da ação, para incluir uma perspectiva mais ampla.

Estamos no ponto central do sistema dos chakras. É o núcleo de nosso ser. Abaixo dele se encontram os níveis físicos, que são ligados à existência material, e acima, os níveis espirituais, que são ligados à abstração. É papel do chakra do coração integrar e equilibrar os domínios do espírito e do corpo. Agindo dessa maneira, ele permite a comunicação entre eles, e é assim que nasce a serenidade suprema que nos faz evoluir. Todos os elementos precedentes têm uma forma mais ou menos estável, ocupam um determinado lugar, enquanto o ar se dispersa para ocupar todos os vazios como uma fragrância que, gradualmente, preenche todo o espaço de um cômodo para perfumá-lo.

De todos os termos, o amor é aquele que tem a definição mais significativa. O amor, assim como o poder, é uma coisa da qual temos necessidade, que desejamos constantemente. Qualquer que seja a "quantidade" de amor que recebamos, há sempre lugar para ter mais. Muitas pessoas o temem e quase ninguém compreende o que é realmente. O amor é a combinação que se faz entre as relações, as afinidades e o equilíbrio. Pelo menos, esta é a melhor definição que lhe podemos dar. Haverá sempre uma parte de mistério relacionada ao que seja o amor, mas podemos estudar as interações que acontecem entre esses diferentes conceitos e ver como elas afetam o chakra do coração. Compreendendo as relações entre os conceitos, percebemos melhor o que é o amor.

Recapitulando, o primeiro chakra serve para controlar os objetos materiais; o segundo nos ajuda a compreender como essas coisas reagem quando estão em movimento; e o terceiro chakra nos permite perceber as estruturas por trás dos movimentos. O chakra do coração nos permite perceber que os ciclos descritos anteriormente não podem se realizar sem que existam determinadas relações entre eles. Os polos não podem exercer atração se estiverem muito afastados uns dos outros; não são todos os materiais que pegam fogo, e assim por diante. Para manter todas essas relações, é necessária uma grande força, uma força que os equilibre: é a do quarto chakra. Experimentamos o efeito desta força através do conceito do que chamamos de "amor", e que é, na verdade, a essência do equilíbrio, porque liga sem limitar. É a força da vida, aquela que faz bater nosso coração e que ganha vida dentro de cada um de nós.

Da mesma forma que os outros chakras, a diferença principal entre o terceiro e o quarto chakras está no nível da consciência. As atividades de nossos dois primeiros chakras criam a consciência; à medida que aprendemos com nossos erros, tomamos consciência dos modelos segundo os quais funcionamos e evoluímos então para níveis superiores de espiritualidade.

Na verdade, uma relação é, de um lado, o reconhecimento dos modelos dos quais decorrem os conceitos que formam nossa estrutura de pensamento, de comunicação e de percepção. Por outro lado, é o fundamento daquilo que somos. Quando começamos a perceber as relações entre as coisas, os acontecimentos, as ideias, nós nos damos conta de como funciona o universo e o equilíbrio que existe entre todas as coisas.

É a procura de nosso lugar no universo que motiva o quarto chakra, e é a aceitação desse papel que nos conduz à serenidade. Então, fica mais fácil compreender o amor, porque é por seu intermédio que podemos aí chegar.

O chakra do coração se encontra no centro do nosso organismo; é também o mais vulnerável, tanto no plano físico quanto no espiritual, porque ele recebe os impulsos dos dois lados da balança. Encontrar o equilíbrio entre o físico e o espiritual não é coisa fácil, porque ele deve se fazer sentir entre os chakras inferiores e superiores, entre o corpo e o espírito, entre o exterior e o interior, e, finalmente, entre si próprio e a transcendência.

Para amar, é preciso transcender em alguma medida nosso ego, é necessário nos desligarmos de nossa individualidade a fim de experimentar uma unidade maior. Isto se traduz pelo sentimento de liberdade e pelo efeito extraordinário que tem o amor sobre nós. O apaixonar-se é na verdade um estado de consciência alterado. É quando terminamos essa relação que a apreciamos mais, porque o retorno à individualidade nos faz reconhecer o estado de separação que existe em nosso ser sem amor. É preciso, no entanto, estar atento porque esse estado especial pode facilmente nos fazer perder contato com a realidade. Devemos, portanto, nos ancorar e nos ocupar de nós mesmos para poder, verdadeiramente, amar; isto é necessário para fazer emergir nossa paixão, assim como nossa vontade, e isso nos impede de desmoronar quando o sentimento se extinguir. Isso remete a uma questão de equilíbrio, a chave de todo o sistema de chakras. O amor estritamente físico ou o amor estritamente espiritual não são completos; há a ausência de alguma coisa. É onde entram em jogo as afinidades, que fazem as substâncias se combinarem, para formar um elo, uma relação.

O chakra do coração é responsável por estabelecer uma relação entre os chakras do corpo físico e os chakras do espírito, desenvolvendo afinidades entre eles. Os exercícios de relaxamento são essenciais para assegurar uma melhor comunicação entre nossos diferentes níveis. Isso nos remete ao conceito do amor.

Examinemos esse fenômeno por intermédio do quarto chakra. Aprendemos, graças aos chakras inferiores, que o amor-próprio, o cuidar de si, é essencial. Através do chakra do coração, nós aprendemos a transferir conscientemente esse sentimento a outras pessoas. O amor nos permite acessar o conteúdo das emoções do segundo chakra e equilibrá-las graças à compreensão que reside no sétimo, mas é no nível do chakra do coração que este processo se realiza. Essa compreensão temporiza o desejo e nos permite ver mais longe que nossas próprias necessidades.

O amor é uma força que nutre, ensina e intensifica toda experiência. O amor assume diferentes formas: é de início uma vibração que nos permite descobrir afinidades; ele se exprime por meio de palavras e gestos de conforto e, finalmente, se torna aceitação incondicional das pessoas e das coisas.

A primeira forma é simples: ela nos dá a conhecer o que nos agrada e o que nos desagrada. A segunda é a mais ampla: compreende o sorriso ou a palavra encorajadora e chega até o ato sexual. A terceira forma é a mais pura, a do amor incondicional.

✳ ✳ ✳

O ar representa também a respiração, o processo primordial que nos dá vida. O sopro de vida é chamado *prâna* pelos hindus, *chi* pelos chineses e *ki* pelos japoneses. Qualquer que seja o caso, é a própria essência da vida. É necessário admitir que, se pararmos de respirar, pararemos de viver. Mas não só isso. A respiração é uma das ferramentas mais preciosas que temos para nos transformar. Graças a ela, queimamos toxinas, relaxamos das tensões e emoções, mudamos a estrutura do nosso corpo e da nossa consciência também. É por meio do exercício *pranayama* que podemos realizar essas transformações.

Eis como:

- **A respiração profunda.** Precisamos nos sentar confortavelmente e prestar atenção em nosso processo respiratório. Respire profundamente enchendo de ar seus pulmões até seu abdome, depois seu tórax e, finalmente, sua garganta. Expire invertendo esta ordem. Repita o exercício várias vezes.
- **O sopro do fogo.** É uma respiração rápida, em que o ar é expulso violentamente por seu diafragma. Inspire relaxando os músculos do seu abdome e expire contraindo-os. Respire rapidamente em torno de 50 vezes, depois respire profundamente e recomece.
- **A respiração alternando as narinas.** Aliado à respiração profunda, este tipo de sopro trabalha sobre seu sistema nervoso e lhe permite atingir muito facilmente um estado de relaxamento. Tampe a narina direita com sua mão direita e inspire profundamente por sua narina esquerda; expire em seguida por sua narina direita, bloqueando sua narina esquerda. Recomece inspirando pela direita e expirando pela esquerda. O ritmo é o seguinte: inspire por uma narina, expire pela outra, e vice-versa. Este tipo de respiração provocará profundas mudanças em seu organismo.

O perdão

Este exercício essencial libera nossa consciência do peso de dívidas kármicas e nos permite liquidar as energias negativas que nos bombardeiam sem cessar. É um exercício bastante simples; basta repetir em nossa mente o seguinte texto:

> *"Eu aproveito este momento para perdoar a todos aqueles que me fizeram mal, conscientemente ou não. Eu me perdoo pelo mal que pude causar a outros, conscientemente ou não. Eu me perdoo também pelo mal que causei a mim. Sinto todo o amor que meus guias e o universo vivenciam por mim e me sinto amado incondicionalmente. Retorno a este amor na medida de minhas capacidades e decido não me aprisionar na culpabilidade sem fim."*

É necessário, no entanto, lembrarmo-nos de que, quando expressamos o amor, nós nos transformamos nele. Somos o veículo dessa força transcendente que nos permite acreditar, evoluir, transcender nossa natureza e triunfar sobre todos os obstáculos. É o amor que faz o mundo girar.

OS TRÊS ÚLTIMOS CHAKRAS:
O ESPÍRITO

O QUINTO CHAKRA:
O CHAKRA DA GARGANTA — VISHUDDHA
O CHAKRA DO ÉTER —
O CHAKRA DO SOM

O quinto chakra está situado no oco da garganta; ele controla a glândula tireoide.

A representação tradicional

Vishuddha significa "purificação" em sânscrito; sua representação é uma flor de lótus de seis pétalas que evocam todas as vogais do idioma sânscrito; sua cor é o azul-claro. Em seu interior, um círculo branco rodeia um triângulo que aponta para baixo; é o símbolo da Lua cheia. Dentro do círculo se encontram um elefante branco e o símbolo do *Bija*. As divindades representadas são *Sadashiva*, um avatar de *Shiva* com três olhos e cinco faces e que tem cinco braços; uma deusa está sentada sobre um búfalo branco e está vestida com uma pele de tigre guarnecida de uma guirlanda de serpentes. Essa é *Gauri*, uma representação luminosa da deusa do milho.

O quinto chakra é também o da purificação, o que implica em duas coisas. Em primeiro lugar, para chegar a este chakra e abri-lo com sucesso, o corpo deve atingir certo estado de pureza. Os chakras superiores exigem muita sensibilidade para se abrir a essas novas percepções. Em segundo lugar, o som, enquanto vibração, é uma força que existe em tudo, e seu efeito purifica. O som altera a estrutura celular da matéria. Isso explica por que o chakra da garganta é também o da comunicação.

O elemento associado a este chakra é o Éter, também conhecido como *Akasha*; diz-se que ele nos leva a uma maior consciência do universo etérico. As opiniões em relação a isso estão divididas, e não podemos afirmar nada mais a respeito. Nós não podemos negar a existência do universo etérico, mas também não podemos confirmá-la.

O som, a vibração, a purificação e a comunicação

O som, o ritmo, a vibração, as palavras: conjunto de forças que reinam com supremacia sobre nossa vida e que tomamos como certas. Nós as utilizamos, respondemos a elas e as recriamos diariamente. Os ritmos, as vibrações, fazem parte integrante da nossa vida, do nosso ser e de tudo o que resulta em comunicação. A comunicação é o meio que permite à consciência ir de um lugar a outro. A comunicação não é necessariamente verbal; ela é, muitas vezes, inaudível. É o princípio de conexão que permite a vida; quer ela se dê pelas mensagens contidas em nosso DNA, que formam as células vivas do nosso corpo, ou por escrito. Nossos nervos comunicam-se com nosso cérebro para nos incorporar a uma série de mensagens, como as comunicações de satélites ligam os continentes entre si.

Nossa civilização depende em grande parte das comunicações, este é o tecido que liga todos os nossos sistemas uns aos outros. O sistema de comunicação entre os indivíduos assemelha-se a um sistema nervoso cultural, que desempenha o mesmo papel.

O quinto chakra é o centro do som, das vibrações e da autoexpressão. De fato, é o nível de consciência que controla, cria, transmite e recebe as comunicações, quer provenham elas do interior ou do exterior, quer impliquem em um ou muitos indivíduos. É também o centro dinâmico de nossa criatividade, o lugar onde nossas velhas ideias se transformam em novos conceitos. Entre os atributos do chakra da garganta, destacamos: a escuta, a linguagem, a escrita, o canto, a telepatia e todas as artes, particularmente aquelas que têm uma relação com o som e a linguagem.

Mas o que é a comunicação? Ela é ao mesmo tempo a arte e o processo de transmitir e de receber informação pelos símbolos. Nós tomamos consciência desses símbolos no quarto chakra, mas é no quinto que sintetizamos essas imagens para armazená-las em nosso cérebro e usá-las mais tarde. Com a colaboração do quinto chakra, aprendemos a tirar proveito desses modelos para constituir outros mais complexos; entramos, então, no domínio das ideias. Nós nos tornamos criativos, fazemos uso da linguagem para fixar nossa atenção sobre um modelo particular e, algumas vezes, modificá-lo. Acabamos de passar pelo chakra do coração, que é yin, e chegamos a um estado yang, que nos permite tomar posse das coisas para expressar nossa criatividade.

É preciso, também, destacar o fato de que, graças a sua natureza simbólica, a comunicação é essencial para atingir o nível superior dos outros chakras; é com a ajuda dos símbolos que podemos representar nosso universo de maneira precisa. Nós temos também a vantagem de examinar as coisas antes de entrar em ação; podemos acumular informações na forma de imagens, que são, em seguida, guardadas como reserva em nosso cérebro.

Os chakras inferiores são focados na individualidade. À medida que nós progredimos no sistema de chakras, nós nos damos conta de que as fronteiras são cada vez mais tênues, que elas são bem menos definidas. Quando chegamos ao sétimo chakra, o domínio da consciência pura, nós não podemos mais percebê-las, e torna-se impossível diferençar o que é nosso em relação à consciência dos outros. É o domínio da consciência universal.

A comunicação é a arte de estabelecer conexão; o som, por intermédio dos mantras, permite despertar nossa consciência. Eis aqui alguns deles:

- *OM* representa o som primal, o som que cria o mundo;
- *OM MANI PADME HUM* significa, simplesmente, "a joia do lótus reside em seu interior". É a afirmação de nossa essência divina;
- *OM NAMAH SHIVAYA* quer dizer "em nome de *Shiva*". Nós podemos substituir *Shivaya* pelo nome de qualquer outra divindade de nossa preferência;

- *OM AH HUM*: estas três sílabas contêm um grande poder, o de purificar a atmosfera que nos envolve, antes de um ritual ou uma meditação;
- *TE GYA TE HARA GYA TE HARA SO GYA TE BO DHI SO WA KA*: este mantra é repetido no Japão para alcançar a unidade com o Buda;
- *OM TARE TUTARE TURE SWAHA*: é cantando estas palavras que no Tibete se pede a proteção de *Tara*, a deusa da compaixão;
- *GATE GATE PARAGATE PARASAMGATE BODHI SWAHA*: é da China que nos vem o sutra do coração.

Estes mantras abrem o chakra da garganta e permitem que nos comuniquemos melhor, quer seja com os outros, quer seja com nossos guias.

A criatividade

Como já mencionamos, comunicar envolve nossa criatividade. Quanto mais nos tornamos adeptos da comunicação, mais nos tornamos criativos. Uma criança pequena aprende repetindo as palavras ditas por seus pais; quando ela compreende que certas palavras correspondem a determinadas reações, ela começa, então, a experimentar. À medida que seu vocabulário cresce, ela adquire cada vez mais elementos, com os quais pode criar sua própria realidade. Nós vivemos em uma época em que a ênfase está na comunicação; estamos na era do chakra da garganta e devemos, constantemente, encontrar novas fórmulas para expressar nossas ideias, nossos conceitos. As artes são, frequentemente, a ponta de destaque da cultura. Quer sejam elas visuais, auditivas, sinestésicas, dramáticas ou literárias, chegam sempre a iludir o conformismo para ir mais longe. Por sua expressão, elas afetam nossa consciência de modo global.

O princípio da criação é um princípio de descoberta íntima. É criando que deixamos de lado nossas formas habituais de funcionar; nesse momento, nós nos abrimos à influência do universo, nos transformamos em condutores por meio dos quais a energia cósmica é veiculada, o que nos torna mais acessíveis aos outros, em um nível bastante elevado.

Resumindo, digamos que:

- a comunicação organiza e expande nossa consciência. É a comunicação que liga nosso passado ao nosso presente e nos permite criar o futuro;
- a comunicação é essencial para conquistar um nível de consciência mais elevado. É desta forma que organizamos nossa consciência, para que ela possa se transmitir e se propagar por intermédio de nossas ideias;
- a comunicação é uma metáfora dos símbolos que ela transmite. Por outro lado, à medida que ela transmite suas ideias, suas palavras, ela as transforma, e já não ficamos mais tão contentes com o resultado;
- a essência da comunicação reside na criatividade; mudando as palavras, nos tornamos criadores. Empreendemos a tarefa de transformar nossa realidade e nosso futuro, e fazemos isso constantemente.

O SEXTO CHAKRA:
O CHAKRA DO TERCEIRO OLHO — AJNA —
O CHAKRA DA LUZ

O sexto chakra está localizado entre os olhos, no nível das sobrancelhas; ele controla a glândula pineal.

A representação tradicional

Em sânscrito, *Ajna* queria dizer "perceber"; depois, seu significado mudou para "comandar". É verdade que, uma vez que este chakra esteja convenientemente aberto e funcional, adquirimos a capacidade para organizar melhor nossa vida, com a faculdade de projetar nossas visualizações sobre o plano material e de conseguir assim a materialização. O número de pétalas na *mandala* dos cinco primeiros chakras vai aumentando; o sexto, no entanto, tem apenas duas pétalas. A interpretação dessas duas pétalas pode variar de uma escola de pensamento para outra. Particularmente, consideramos que ela representa as duas facetas do universo: uma materializada e outra para acontecer. Essas duas pétalas em torno de um círculo podem também representar asas; isso significa que este chakra tem a faculdade de conceder ao ser a habilidade de transcender o tempo e o espaço e de permitir assim ao corpo astral visitar diferentes planos de existência.

A representação gráfica da *mandala* é mais sóbria do que a dos cinco primeiros chakras. Como é o primeiro chakra que se localiza no nível do cérebro, sua natureza é menos presa ao corpo físico. No círculo, vemos um triângulo dourado que aponta para baixo e que contém a representação do *lingam*, assim como o mantra *OM*. A divindade *Shakti*, com a aparência de *Hakini*, com seis faces e seis braços, está sentada sobre uma flor de lótus branca. Acima, encontra-se uma meia-lua e o ponto *Bindu* de manifestação; *Shiva* aparece na forma de um clarão.

Entramos em um domínio mais complexo, porque aqui tudo é ligado ao espírito.

A luz, a cor, a percepção visual e extrassensorial

É graças à luz, combinada à escuridão, que podemos desfrutar de um instrumento maravilhoso — a visão, que nos permite ver o mundo que nos rodeia. A visão desempenha um papel primordial na história da humanidade em geral, da mesma forma que em nossa vida pessoal. Nós somos constantemente estimulados e enriquecidos pelas cores, pelas formas que nos rodeiam. Todas essas imagens são registradas em nosso espírito para uma utilização posterior. Frequentemente, são elas que voltam pela interpretação de nossos sonhos, para nos fazer compreender uma mensagem.

A simples palavra "ver" tem muitos significados: nós vemos uma solução, nós vemos a resolução de um conflito mesmo antes de ela acontecer. "Ver" implica uma visão física da mesma forma que uma visão mental, de espírito, que resulta frequentemente de nossa intuição. O elemento deste chakra do terceiro olho é a Luz. Nossa cultura ocidental tem um forte preconceito contra a escuridão; isso data da Antiguidade, quando a noite era um período perigoso e pouco seguro. Por outro lado, a luz e a escuridão se completam; uma não pode existir sem a outra. É o jogo entre as duas que nos permite perceber os tons e as cores. Tudo acontece entre os dois polos, é preciso não esquecer as lições aprendidas no nível dos chakras precedentes. É necessário aceitar a escuridão da mesma forma que a luz. Isso nos permite alcançar toda a gama de informações visuais e permite a este chakra funcionar perfeitamente.

O chakra do terceiro olho não se interessa apenas pelo aspecto psíquico da visão; ele dá também uma enorme importância aos olhos físicos, instrumentos de percepção visual do nosso cérebro. No que diz respeito ao terceiro olho, ele é o instrumento psíquico que permite a visão do nosso espírito. O sexto chakra serve para combinar e analisar os dados provenientes de todos os órgãos de visão. O terceiro olho nos permite perceber diferentes níveis, um pouco como quando lemos nas entrelinhas para descobrir o significado oculto de um texto. Nosso grau de percepção depende da nossa capacidade para ver e para entender tanto com nossa visão física quanto com nossa visão psíquica.

Como já mencionamos, o sexto chakra está localizado em nosso cérebro; sendo assim, sua natureza é mais mental do que a dos chakras precedentes. Embora a linguagem do quinto chakra seja também originária do espírito, ela depende muito de nossa habilidade para produzir sons. No que diz respeito à vista, nós devemos exprimi-la por meios diferentes daqueles à disposição de nosso chakra da visão, para que a informação se torne tangível: nós a exprimimos por meio de palavras, de gestos ou mesmo de emoções, e é apenas neste momento que ela se torna física. Antes da descoberta da fotografia, era difícil traduzir uma visão sem a participação de uma dimensão não visual. Atualmente, graças à foto, ao cinema e mesmo ao computador, isso se torna possível. Por outro lado, talvez no futuro possamos conversar psiquicamente tão facilmente quanto verbalmente.

Avançando ao longo do sistema dos chakras, nós descobrimos a existência de vibrações sonoras com o quinto chakra. No nível do sexto chakra, temos agora que produzir vibrações de frequência mais alta. Apenas faremos aflorar o fenômeno, nada mais. O espectro eletromagnético, as radiações ultravioletas, as ondas de rádio, os raios X e as micro-ondas não são perceptíveis aos nossos olhos. A luz é a única a ser percebida por nossa consciência. Ela é também uma forma de energia e, embora as partículas sejam consideradas sem massa, os fótons que se soltam quando batemos num metal deslocam os elétrons nele, o que causa uma reação energética. É uma questão de frequência. Porque, se já é bem sabido que a luz vermelha, qualquer que seja sua intensidade, não emite energia suficiente para gerar uma corrente, outras frequências, como a luz violeta e a luz azul, produzem corrente que varia conforme sua intensidade. É um domínio ainda pouco conhecido, mas em desenvolvimento.

Quando falamos de luz, é impossível ignorar a cor; é por meio dela que percebemos a luz e é ela que, literalmente, cria nossa realidade. A intensidade do comprimento de onda da luz produz a cor. Em outras palavras, os tons são resultado de diferentes frequências. As cores quentes, principalmente o vermelho, o laranja e seus degradês, são de uma frequência mais baixa que as cores frias, como o verde, o azul e o violeta. Portanto as cores quentes têm menos energia que as cores frias. Isso significa que os nomes com que classificamos as coisas, em geral, não têm nenhuma relação com a energia, particularmente a da luz.

As cores têm efeitos psicológicos definidos sobre nós, particularmente sobre nossas emoções. Por exemplo, o vermelho, que estimula as funções cardíacas, é associado a emoções como a agressividade e a raiva. Por outro lado, o azul está associado à calma e à tranquilidade. Ele está cada vez mais presente em práticas terapêuticas associadas à cromoterapia (terapia através das cores); nós abordaremos isso rapidamente na página 146. Todos os chakras têm uma cor correspondente, e essas cores são, frequentemente, usadas para tratar a parte correspondente do corpo; por exemplo, o azul-claro é utilizado para os males da garganta. Há inúmeros sistemas para determinar a cor correspondente a cada um dos chakras; nós preferimos o sistema denominado "moderno", o usado com maior frequência em terapia de cores.

No plano restrito dos chakras, é possível favorecer a abertura de um ou de outro fazendo uso da cor correspondente. Outro indicador nos é dado quando examinamos nossa seleção de cores. Acontece que, instintivamente, nós somos levados a preferir uma cor que equilibra os problemas do chakra correspondente. O melhor exemplo é o dos lamas tibetanos, que usam vestes laranja para equilibrar a ausência de sexualidade devida a seu voto de celibato. Se nós nos sentirmos deprimidos, devemos imaginar um raio amarelo ou dourado descendo sobre nós e nos banhando com sua luz; o efeito será muito rápido.

Chegamos agora à visão, um dos sentidos mais importantes. Na verdade, cerca de 90% de toda a informação que recebemos vem através da visão; é, portanto, lógico que a maior parte das informações seja armazenada na forma de imagens. Isso varia bastante de uma pessoa para outra, mas, de qualquer forma, é um nível de consciência fundamental para nossa evolução.

A informação visual pode se definir como um modelo baseado nas relações espaciais, sem que tenhamos de tocar para verificar a forma. Essas relações são bastante precisas no que diz respeito ao peso, à forma, à cor, à localização e ao movimento; elas podem também descrever símbolos, como as notas musicais, as letras ou as cifras, que, embora contendo informação não relacionada ao espaço, são decifradas por nossos olhos.

Há inúmeras maneiras de receber essa informação na forma de imagens e de situá-la em relação ao tempo.

- **A percepção direta**, aquela que se recebe no presente, por meio dos olhos. É a forma de visão mais comum, que utilizamos correntemente quando nossos olhos estão abertos observando nosso entorno.
- **A memória**, que se coloca em relação ao passado, às lembranças que rememoramos na forma de pensamentos e de imagens.
- **A imaginação**, que se situa em todos os níveis do tempo — passado, presente e futuro —, e cujas imagens assumem forma em nosso espírito, mais precisamente em nosso intelecto.
- **Os sonhos**, que são impossíveis de situar no tempo. Façamos como os aborígines da Austrália e falemos de um "tempo de sonho" (*dream time*), já que seria impossível classificar este período de outra forma.
- **A precognição**, ou clarividência, que se localiza no futuro.

Agora que situamos no tempo os diferentes tipos de coleta de informação visual, notemos que existem de fato apenas duas formas de visão. A que provém do exterior, por meio de nossos olhos de carne, e outra, que provém do interior, de nossos centros psíquicos, por meio do que chamamos de precognição e clarividência; e, finalmente, de nosso subconsciente, no que diz respeito aos nossos sonhos.

Como pudemos claramente perceber, nosso cérebro não faz, verdadeiramente, a distinção entre as categorias mencionadas até aqui; para ele, a informação recebida é válida. É preciso também acrescentar que não são nossos olhos que veem verdadeiramente, mas nosso cérebro, nosso espírito. Se examinarmos o processo da visão, vamos compreender que aquilo que percebemos não é a matéria propriamente dita, mas o reflexo da luz que ela projeta.

Nós não nos deteremos sobre esses meios pelos quais podemos receber informação; eles são geralmente bem conhecidos. Por outro lado, vamos examinar o fenômeno da clarividência, da visão do futuro. Clarividência significa literalmente "ver claro", e, para fazer isso, devemos concentrar nossa atenção não apenas sobre a matéria, mas sobre a energia, não apenas sobre o objeto em questão, mas sobre suas relações com o seu meio ambiente. É preciso vir a compreender o mundo em sua integridade, para poder captar a informação apropriada.

Quando nós "vemos" verdadeiramente, percebemos a aura da pessoa e não apenas o corpo físico. É com essa visão particular que nós chegamos a perceber realmente os invólucros etéricos que envolvem nosso corpo físico. Por outro lado, este talento demanda treinamento. A visão comum de nossos olhos tende a abranger tudo; é normal, porque dependemos muito deste sentido para nos guiar no dia a dia. Por exemplo, pensamos no modo como utilizamos a palavra "ver" nas expressões mais correntes; é frequente o uso como sinônimo de "compreender", como se o fato de exercitar o sentido nos permitisse, instantaneamente, compreender as coisas simplesmente vendo-as. No entanto é nosso espírito que compreende, juntando todas as peças do quebra-cabeça que é a realidade. Cada vez que percebemos alguma coisa, a imagem é armazenada em nossa memória para que o espírito possa dar um sentido global à realidade que nos cerca.

O que nos leva a abordar, agora, o terceiro olho, ligado ao sexto chakra. O terceiro olho é um órgão psíquico que nos permite perceber a informação visual por meio da interpretação de nossas faculdades extrassensoriais. Podemos explicar o modo pelo qual isso se produz dizendo que o terceiro olho olha, enquanto o sexto chakra vê. É por este chakra que nós desenvolvemos a habilidade de visualizar. A visualização é, na verdade, um método que permite transformar em imagens visuais aquilo que imaginamos. Costuma ser um trabalho em colaboração: o quinto chakra pensa em alguma coisa com a ajuda da linguagem e a transmite ao sexto chakra, que converte essas palavras em imagens mais facilmente acessíveis ao nosso espírito.

A visualização é uma questão de prática. Nosso pior inimigo neste trabalho é o intelecto, que tenta explicar a impossibilidade de ver sem que nossos olhos físicos estejam implicados no processo. É certo que, no início, a visão da aura ou mesmo a visualização não têm a mesma clareza que nossa visão normal. Por outro lado, mesmo que as cores etéricas sejam sutis, elas verdadeiramente existem. Para vê-las, é preciso olhá-las de maneira diferente, sem insistir, como explicamos no capítulo sobre o corpo astral.

Para chegar a visualizar, é necessário simplesmente se deter e silenciar a ronda infernal de nossos pensamentos. Há um grande número de livros sobre o assunto e as técnicas são aprendidas facilmente com um pouco de determinação e de paciência. É preciso não esquecer que o sexto chakra é puramente mental; é necessário parar de validá-lo por meio de nossos sentidos habituais.

O SÉTIMO CHAKRA: O CHAKRA DA COROA — SAHASRARA — O CHAKRA DO PENSAMENTO — O CHAKRA DA ILUMINAÇÃO

O sétimo chakra está situado no topo de nossa cabeça; ele controla a glândula pituitária.

A representação tradicional

Sahasrara significa "mil" em sânscrito. Esta cifra diz respeito à flor de lótus de mil pétalas, que se localiza no cume do nosso crânio, marcando o lugar do nosso chakra da coroa. As numerosas pétalas de lótus formam um círculo, representando a Lua cheia, mostrando em seu centro um triângulo contendo a essência do vazio associado ao nirvana. Os antigos textos mencionam que as pétalas desse lótus envolvem a cabeça da pessoa para ligá-la à energia cósmica.

O pensamento, a consciência cósmica, a compreensão e a iluminação

Chegamos ao fim de nossa progressão no sistema de chakras. O chakra da coroa representa o auge de nossa evolução, porque nossa consciência cósmica, ou consciência universal, reside nele. É de fato nossa conexão direta com o universo. Nós deixamos totalmente o reino do físico para entrar no do espiritual.

Todos os outros chakras são mais ou menos ligados aos nossos sentidos físicos. Pudemos destacar ao longo de toda a nossa progressão que este apego ao material vai diminuindo. É fácil compreender que o chakra da base é mais fortemente ancorado na realidade material que o chakra do plexo solar ou os outros. Até mesmo o chakra do terceiro olho está ligado aos olhos e, embora a visão seja de fato um processo mais mental que físico, é por meio dos olhos que ela acontece.

No caso do chakra da coroa, não há verdadeiramente ligação com os sentidos; nós estamos agora no domínio estritamente mental do pensamento. Este chakra se interessa pelo conhecimento, que se comprova como sendo um processo bastante complexo, porque a assimilação dos conhecimentos funciona de maneira um pouco misteriosa. Nós utilizamos este termo porque não sabemos exatamente como essa assimilação se realiza. Temos conhecimento de que ela implica uma corroboração entre a realidade exterior e nossa realidade interior, mas não podemos explicar como isso acontece. Para ilustrar o que queremos dizer, imaginemos o momento em que recebemos uma explicação. É um pouco como se nós tivéssemos a última peça de um quebra-cabeça, que nos permitisse ver finalmente a imagem em questão. Nesse momento, um sentimento de satisfação nos invade, mesmo que, algumas vezes, a informação que disso resulta não seja agradável.

O saber é constituído de uma multidão de pequenos dados, que nós colocamos em ordem e que nosso espírito organiza segundo os modelos já conhecidos. Se o dado encontra seu lugar no meio das informações existentes, trata-se de alguma coisa que nós já conhecíamos; mas se, ao contrário, essa peça não encontra seu lugar, é porque ela faz parte de algo que nós não conhecemos. Temos, então, a escolha de rejeitar ou de construir um novo modelo, que nos permita incorporá-la ao nosso saber anterior, garantindo um lugar a novas informações relativas ao assunto. É dessa maneira que nós aprendemos. Nosso cérebro é, na verdade, como um computador que trata as informações e as organiza em modelos. Esses modelos formam a tela de nossos pensamentos. Todas essas informações são armazenadas em nossa memória para quando tivermos necessidade delas. Nossa consciência nos permite buscar a informação no momento desejado. O grau de consciência depende da atenção que damos a cada coisa.

Por exemplo, quando dormimos, é possível que falemos, mas este é um processo inconsciente, porque nosso consciente está em outro lugar. Nossa realidade é recheada de dados, de informações, a tal ponto que é impossível assimilar a tudo simultaneamente. Este é o motivo pelo qual nós não damos atenção senão a uma pequena parte deles por vez. Por exemplo, quando lemos, nós concentramos nossa atenção de início no livro, excluindo barulhos ambientais e todas as outras distrações; nós continuamos, fechando o foco de nossa atenção sobre uma palavra ou uma linha de cada vez, para compreender as informações que elas contêm. Torna-se um aprimoramento de nossa consciência, para poder extrair os dados de maneira eficaz. É o nível de nossa consciência intelectual que nos permite acumular os conhecimentos, aprender.

Nesse ponto, devemos ir a um nível mais elevado, o da consciência cósmica.

A consciência intelectual, a parte que se interessa pelas informações materiais, está contida na consciência cósmica; constitui-se numa parte dela. Essa consciência está, portanto, orientada para o material, as coisas, as relações; ela compreende também a autoconsciência. Essa forma de consciência limita nosso campo de visão para se concentrar sobre algumas informações por vez. É, da mesma forma, a consciência que pensa, raciocina, aprende e armazena a informação na memória. Nós a chamamos "consciência cognitiva", pois vem a ser a interface entre a realidade material, nossos chakras inferiores e o chakra da coroa.

O segundo nível da consciência cósmica pode ser denominado "consciência transcendente": é a consciência que se interessa pelas coisas não materiais, que não se interessa particularmente por nós. Esse nível é o da compreensão, que não se limita à informação acumulada; é o nível que vai além da especialização da consciência intelectual. É onde nascem as teorias e as ideias, as novas descobertas, que permitem ao ser humano evoluir e melhorar seu destino, assim como o dos que vivem à sua volta. É o nível da compreensão, da iluminação. É o nível que nos permite ultrapassar nossos limites e perceber um futuro improvável se nos fiarmos apenas nas informações já armazenadas. Esse tipo de consciência permitiu a Júlio Verne e a numerosos outros pensadores verem o futuro bem antes que ele acontecesse.

É neste nível de consciência que nós podemos voltar a nossas vidas anteriores, que podemos nos projetar astralmente e podemos experimentar a ligação com nosso *Eu Superior*. É também o nível em que se encontram nossas crenças.

Antes de avançarmos, é preciso voltar a nossa consciência cognitiva, aquela que armazena a informação e os conhecimentos, porque é nela que se encontra a chave para abrir a porta de nossa consciência cósmica. Todos nós sabemos que o cérebro é dividido em dois hemisférios, o esquerdo e o direito. Cada um deles é especializado em certos tipos de trabalho e de conhecimentos (racionais e intuitivos). O lado esquerdo do cérebro, o yang, controla a linguagem, a lógica e as informações objetivas; o lado direito, o yin, controla a informação não verbal, os aspectos intuitivos e criativos de nossa consciência. Esses dois lados são tradicionalmente separados, e a maioria das pessoas tende a desenvolver uma forma de pensamento relacionada a um ou a outro dos hemisférios.

Para alcançar um nível de consciência superior, é preciso primeiro sincronizar os dois hemisférios do nosso cérebro, atingir um equilíbrio que valorize da mesma forma as funções yin e yang do nosso espírito. Para fazer isso, é preciso praticar atividades que favoreçam essa união. Essas atividades são: a meditação, a repetição de mantras, datilografar na máquina de escrever ou digitar no teclado de um computador com as duas mãos (diferente de escrever à mão) e qualquer outra atividade que implique uma participação dos dois lados do nosso cérebro.

À medida que nós nos servimos dos dois hemisférios do nosso cérebro, acabamos recebendo mais informações provenientes da intuição, e a parte lógica do nosso cérebro se torna, ela também, mais consciente; ela é capaz de compreender melhor as informações e os modelos resultantes, graças ao lado intuitivo. O oposto é também verdadeiro: o lado intuitivo pode desenvolver nossa faculdade de compreender, de analisar o que acontece. A meditação aumenta nosso nível de consciência, mas não amplia nossa informação; ela pode nos ajudar a processá-la, mas é a consciência intelectual que compila os dados.

Tudo é uma questão de percepção; é o domínio do nosso sétimo chakra. As percepções provêm dos sentidos, mas podem ser imperfeitas. Apesar de tudo, nós temos a tendência de acreditar nelas, em vez de nos fiarmos no que se encontra dentro de nós. Acumulamos informações a partir do nosso nascimento e construímos um sistema de crenças em torno desses dados. Nós os acumulamos e toda nova informação deve passar pelo filtro do que adquirimos antes. Formamos nossas opiniões por meio de nossas experiências passadas.

Como nossa cultura é baseada, ou melhor dizendo, ancorada no nível dos chakras inferiores, damos muita importância ao que se encontra fora de nós. Temos aprendido a confiar nos conhecimentos que adquirimos nas escolas, nas universidades, e não nos conhecimentos adquiridos intuitivamente. Aprendemos a confiar no que pode ser provado cientificamente por métodos externos. Não damos, verdadeiramente, atenção às pessoas que são autodidatas, porque seus conhecimentos não portam o selo de validação concedido por uma universidade.

Nós chegamos a duvidar de nossas próprias experiências. Tentamos validá-las por intermédio dos outros, como se assim se tornassem mais reais. Dessa maneira, à medida que tomamos consciência de nosso sétimo chakra, nós nos damos conta de que a verdadeira validação provém do interior, do fato de que podemos, pessoalmente, viver a experiência. Assim, devemos considerar a construção de nossas crenças pessoais para ver se elas respondem a nossas experiências ou se são, simplesmente, produto de validação externa. É a partir daí que podemos, verdadeiramente, ascender ao nível superior de nossa consciência, que podemos transcender nossos sentidos e nosso corpo, para tocar o universo.

É por intermédio da meditação que podemos ascender mais facilmente a esse nível, é esvaziando nosso espírito que podemos, enfim, ver a luz. A meditação une os dois hemisférios do nosso cérebro e lhe permite mudar de frequência, o que nos conduz a um estado de consciência diferente. A meditação não exige esforços para atingir um nível de consciência superior, mas bastante desapego.

A MEDITAÇÃO, OS MANTRAS E A TELEPATIA

A MEDITAÇÃO

Para meditar, é preferível encontrar um local tranquilo, onde você não venha a ser perturbado. Roupas largas são apropriadas para meditar; elas devem permitir que nosso corpo mantenha uma temperatura agradável, nem muito fria nem muito quente. A posição sentada é preferível, porque ela exige pouca energia para ser mantida. Essa posição é preferível à deitada porque, para meditar, não é necessário dormir. Há diferentes técnicas de meditação, e devemos pesquisar para descobrir a que melhor nos convém.

A meditação transcendental utiliza mantras, que repetimos concentrando nossa atenção nas vibrações que o som produz no interior de nosso corpo.

Podemos, também, nos concentrar no ritmo de nossa respiração, na chama de uma vela, no desenho que forma uma mandala ou em um cristal. O segredo está em concentrar nossa atenção em alguma coisa, excluindo todo o resto.

Uma vez que nossa atenção esteja concentrada, podemos examinar nossas emoções e nos soltar suavemente, tomando consciência de que nós não somos nossas emoções, que elas encontram origem em nós, e não o contrário. Nós podemos, em seguida, visualizar as diferentes cores associadas aos chakras e sentir a energia entrar em cada um deles. Quanto a isso, as técnicas também variam muito, e devemos escolher aquela que melhor nos convém para atingir o nível de consciência cósmica, aquele em que podemos nos dar conta de nosso lugar no universo. Esse estado é chamado de "iluminação"; ele acontece gradualmente e não é algo que adquirimos, mas que temos.

Descrever a iluminação é tão difícil quanto explicar o que é o amor; é preciso experimentá-la pessoalmente para compreender, verdadeiramente, do que se trata. Todas as definições servem apenas para formar prejulgamentos que nos distanciam do objetivo principal, em lugar de nos aproximar dele.

A iluminação é o resultado de um trabalho de conscientização que se faz lentamente, por meio das percepções de todos os chakras. É muito mais do que a simples abertura de nosso chakra da coroa ou de qualquer outro chakra; trata-se da integração de seu ser ao universo. É o resultado do conhecimento, da aceitação de nossos limites e do distanciamento do mundo material. Essa forma de distanciamento não é a rejeição de nosso corpo; ela se manifesta mais pela ligação que concretizamos com nossa alma, é o retorno à fonte universal de onde provém toda energia.

OS MANTRAS

A repetição de um mantra é uma boa maneira de energizar cada um de nossos chakras.

Repita o mantra fazendo um exercício de relaxamento.

Para relaxar ou trabalhar sobre um de seus chakras, repita a sílaba correspondente com uma voz suave para começar, quase murmurando, e eleve o tom progressivamente. Você pode também repeti-la em voz baixa para fazer vibrar suas cordas vocais. Sinta as vibrações percorrerem seu corpo e a energia do som entrar em você. Respire lentamente segundo o ritmo descrito no capítulo da meditação.

Pronuncie o mantra no momento da expiração, respeite o tempo da pausa, repita em sua mente o mantra durante a inspiração e repita-o em voz alta, expirando.

- **Chakra da base:**
  Seu mantra é *Lam*;

- **Chakra sexual:**
  Seu mantra é *Vam*;

- **Chakra do plexo solar:**
  Seu mantra é *Ram*;

- **Chakra do coração:**
  Seu mantra é *Yam*;

- **Chakra da garganta:**
  Seu mantra é *Ham*;

- **Chakra do terceiro olho:**
  Seu mantra é *Om*;

- **Chakra da coroa:**
  Seu mantra é *Ham So*.

A TELEPATIA

A telepatia é a arte de comunicar através do tempo e do espaço, sem utilização dos nossos cinco sentidos. Embora existam poucas pessoas capazes de se comunicar dessa maneira, todos nós temos, uma vez ou outra, experiências que nos levam a acreditar na existência dessa forma de comunicação. Quando nosso chakra da garganta está perfeitamente harmonizado, essa forma de comunicação se torna, então, possível.

À medida que aprendemos a aprimorar nossos chakras, a acalmar nosso espírito e a manter em silêncio nossos pensamentos, um fenômeno se produz: a tessitura de nossa consciência se torna mais flexível, enquanto nossas vibrações se mostram mais fortes e nossas percepções, mais diretas. Torna-se, então, possível perceber as vibrações dos campos de energia que envolvem cada coisa e cada pessoa. É quando aprendemos a bloquear com sucesso estes ruídos da vida cotidiana, que aprendemos a escutar o silêncio, que se torna possível ouvir os murmúrios do espírito dos outros. É, portanto, necessário desenvolver nossa calma interior; essa não é uma tarefa fácil, porque a maioria de nós tem um ruído de fundo interior equivalente a uma festa ensurdecedora, onde todo mundo fala ao mesmo tempo e faz barulho. Assim, é impossível ouvir os murmúrios em tal ambiência.

Se nós prestarmos atenção ao que acontece dentro de nossa cabeça, vamos perceber, facilmente, que costumamos manter uma conversa com nós mesmos ou que cantarolamos suavemente. Se juntarmos a isso o ruído ambiente da vida cotidiana — os carros que passam na rua, a televisão, o rádio, as atividades da casa, a torneira que vaza, etc. —, é natural que as capacidades de receptividade do nosso chakra da garganta sejam bastante nebulosas. Parece que aceitamos o grito como um meio natural de comunicação. É bastante difícil ouvir ou emitir murmúrios em tais condições.

    Neste sentido, perdemos o hábito de escutar os murmúrios, as comunicações discretas que acontecem no plano do éter. Portanto é preciso não esquecer que a consciência é um processo não verbal. Para comunicar, devemos traduzir nosso processo de consciência em símbolos que se traduzem, por sua vez, em palavras. Embora tudo isso aconteça muito rapidamente, é importante não esquecer que, pela tradução, perdemos um pouco da própria essência do princípio primário. Por outro lado, todos nós já tomamos conhecimento de experiências de telepatia: duas pessoas que dizem a mesma coisa ao mesmo tempo; telefonar para alguém no mesmo instante em que esse alguém disca nosso número, ou sentir a sensação muito forte de que algum parente ou amigo está em perigo. Não precisa se desesperar! Esta forma de comunicação será sem dúvida a próxima descoberta da humanidade: nós temos seguido este caminho desde o homem pré-histórico, então, um passo a mais não será pedir muito.

OS SISTEMAS MÉDICOS TRADICIONAIS

Acabamos de descrever os chakras, o que eles são e a maneira como eles funcionam. Para nos ajudar agora a compreender como se constrói esse sistema, façamos um resumo das grandes tradições sobre as quais ele foi construído.

Já sabemos que a chave para a compreensão do sistema dos chakras se encontra no conhecimento, nas informações que nós analisamos para avançar. O mundo ocidental sofre de uma ruptura entre a cultura e a natureza; nós somos especialistas que protegem sua área de especialização, frequentemente em detrimento do conhecimento em geral. Nós também cuidamos do nosso corpo dessa maneira, tratando dos sintomas e não do corpo inteiro. Temos, do mesmo modo, tendência a separar nosso espírito do nosso corpo, como se os dois pudessem existir separadamente. Uma das principais causas da maioria das doenças está nessa separação. Nós tratamos mesmo as doenças do espírito como se fossem vergonhosas, como se o espírito não pudesse sofrer como o resto do corpo.

Precisamos, portanto, reaprender que o espírito e o corpo formam um todo e que um não pode existir sem o outro enquanto estamos aqui, sobre a Terra. Ignorar nosso corpo ou ignorar nosso espírito não é, verdadeiramente, uma solução viável. A lição dos chakras é de unidade na diversidade, em que todos os sistemas trabalham de acordo para nos permitir avançar e evoluir em direção a uma realidade superior. Por outro lado, antes de chegar a este ponto, é necessário compreender como se misturam todos os sistemas entre si e como podemos harmonizá-los na vida diária. Não estamos tratando, aqui, de viver como eremita ou de flutuar no ar. É necessário se ancorar na realidade material e escalar lentamente até a iluminação; é a via do autoconhecimento e, desse modo, a do conhecimento do divino.

Este capítulo nos permitirá conhecer diferentes teorias para nos ajudar em nossa busca pessoal. Uma não é, necessariamente, melhor que as outras; é tudo uma questão de gosto, de preferência, e é também uma forma de abrir nossa perspectiva e de nos permitir abrir, assim — e sem riscos —, nossos chakras.

DE ONTEM PARA HOJE: O PONTO

Os sistemas médicos tradicionais que descrevemos aqui são os que estão ligados à teoria dos chakras e que tratam o ser humano em sua totalidade, contrariamente ao sistema médico ocidental, que trata os sintomas e as doenças. Não estamos aqui criticando nosso sistema médico porque, em muitos casos, ele salva vidas. Embora os antigos sistemas tenham vantagens marcantes, é preciso se render à evidência de que, se nós sofremos uma crise de apendicite, é de uma cirurgia que temos necessidade. Se nós sofremos de uma infecção, nada supera os antibióticos. Tudo se resume a usar os recursos disponíveis segundo suas necessidades. Em suma, quando temos necessidade da medicina ocidental, não é necessário denegri-la nem se desviar do progresso incrível que ela fez. O problema não está no sistema médico, mas na visão e na percepção das pessoas. Nós somos levados a acreditar que tudo se cura com a ajuda de um medicamento ou de uma intervenção cirúrgica e, frequentemente, temos abdicado totalmente da responsabilidade quanto a nossa saúde pessoal. Se decidirmos encarar os médicos como deuses, seremos os únicos culpados por essa percepção equivocada. Todos os sistemas médicos, quaisquer que sejam eles, têm vantagens e inconveniências; é a maneira como nós os utilizamos que faz a diferença.

Infelizmente, não existe, de verdade, comunicação entre os diferentes sistemas e seus praticantes; todos agem como se fosse um território reservado, exaltando as virtudes de um sistema em detrimento dos outros. A realidade é bem diferente: se temos necessidade de antibióticos, visualizar a cor vermelha não será suficiente; na mesma ordem de ideias, é estúpido se submeter a uma intervenção cirúrgica para diminuir nossa gordura, já que o sistema ayurvédico, com seu regime alimentar e exercícios de yoga, é uma resposta adequada para perder peso sem correr riscos. É preciso, simplesmente, que coloquemos as coisas em perspectiva para determinar quais são nossas necessidades e nos encaminharmos para o sistema médico que responda mais adequadamente a elas.

Para os antigos sistemas médicos, oriundos das tradições da China, da Índia e do Tibete, a saúde é uma questão de equilíbrio e de harmonia. Eles tratam o ser humano em todos os níveis: físico, mental, emocional e espiritual. É uma questão de harmonizar o ser humano com seu meio ambiente. Eis aqui três dos principais sistemas e sua implicação no nível dos chakras.

A MEDICINA AYURVÉDICA

Este é o sistema de medicina da Índia, que serve de base, entre outras, para a medicina chinesa e a tibetana. É desse sistema que resulta o conceito dos chakras que estudamos nesta obra. Essa medicina engloba inúmeras técnicas para diagnosticar as doenças segundo a pulsação, a aparência das unhas e a forma. É um sistema que compreende diferentes processos de desintoxicação do corpo, com a ajuda de plantas e de medicamentos homeopáticos, e que inclui um regime alimentar baseado nos sabores e em seus atributos. Ele engloba, também, um regime de posturas do yoga, conforme o tipo de pessoa, e os mantras que harmonizam o corpo com os sons. É um tipo de medicina em que o espiritual faz parte integrante do tratamento. Ele é baseado em uma teoria dos cinco elementos, que abrange similaridades com o sistema chinês, mas ao mesmo tempo é diferente.

Nessa teoria, o Éter é o primeiro elemento; é por meio dele que o som é transmitido; em seguida ele é recebido pelos ouvidos, para ser traduzido pela linguagem. O segundo elemento, o Ar, é criado a partir do Éter e é ligado ao sentido do tato e, consequentemente, à pele; seu órgão é a mão e seu gesto consiste em reter. O terceiro elemento, o Fogo, e seu derivado, o calor, são produzidos pela fricção que se produz no Éter. Este elemento se manifesta pela luz, pelo calor e também pela cor; seu órgão de predileção é o olho e seu sentido, a visão. O quarto e o quinto elementos são produzidos pela ação do Fogo quando certos materiais se dissolvem e se liquefazem para formar a Água, enquanto outros se solidificam para formar a Terra. A Água se liga à língua, ao gosto, assim como aos órgãos de reprodução. A Terra está ligada ao nariz e ao odor, assim como ao processo de eliminação.

Os elementos estão organizados em três áreas, ou *doshas*: *Vata*, que representa o movimento e se associa ao Éter e ao Ar, é responsável pelas ações do catabolismo em nosso organismo, que vem a ser o processo de degradação dos compostos orgânicos para transformá-los em energia (calorias), as reações químicas no interior de nosso corpo, assim como a eliminação dos dejetos e das toxinas. Os órgãos que dependem dele são o intestino grosso, a cavidade pélvica, os ossos, a pele e as coxas. No plano emocional, *Vata* é responsável pelo nervosismo, pelo medo, pela ansiedade, pela dor, pelos tremores e pelos espasmos.

O segundo *dosha*, *Pitta*, é formado pelo Fogo e pela Água e é responsável por nosso metabolismo, pela nutrição, pela digestão, bem como pela absorção e pela assimilação das proteínas. Os órgãos que dependem dele são o intestino delgado, o estômago, as glândulas secretoras do suor, o sangue, a gordura, os olhos e a pele. Ele é também responsável pela temperatura do nosso corpo, assim como pela coloração de nossa pele. No plano emocional, *Pitta* é a sede da raiva, do ódio e do ciúme.

O terceiro, *Kapha*, é formado pela Água e pela Terra. Ele sedimenta juntos todos os elementos de nosso corpo, lubrifica nossas articulações, produz a umidade necessária à pele, ajuda a curar os ferimentos e mantém nossa imunidade. Ele também é responsável pelas secreções presentes no âmbito de nosso peito, de nossa cabeça, de nossos seios nasais, de nossas narinas, e assim por diante. *Kapha* é ligado às emoções de apego excessivo, de inveja e de ganância; quando equilibrado, ele produz a calma, o perdão e o amor.

No que diz respeito às doenças, elas são classificadas segundo sua origem, mais precisamente, psicológica, espiritual ou física, assim como segundo a área ou *dosha* onde se localizam.

A representação dos chakras neste sistema é religiosa, impregnada do simbolismo hindu e de seu panteão divino. É a definição que encontramos no início de cada uma das descrições dos chakras e que serviu de ponto de partida para esta obra.

A MEDICINA CHINESA

A Medicina Tradicional Chinesa (MTC) é importante para nosso estudo dos chakras porque da teoria e da prática desse sistema médico nos chegaram a acupuntura, o shiatsu, a acupressão, o reiki e muitas outras técnicas e terapias que servem para manter o estado de equilíbrio de onde decorrem a saúde e a harmonia.

A MTC é baseada na crença de que a humanidade faz parte do meio ambiente natural: fundamentalmente, para ser saudável é necessário seguir as regras da natureza e se adaptar às mudanças de estações e à natureza ao nosso redor. Embora possa parecer estranha, a medicina chinesa é baseada na ligação da realidade física do ser e sua relação com a matéria. Mas ela não para por aí; ela incorpora também todas as dimensões do ser: física, psicológica, mental, emocional ou espiritual.

Essa medicina extrai sua filosofia do taoismo, que, ao contrário do que poderíamos acreditar, é mais uma arte de viver do que uma religião, responsável por equilibrar e harmonizar o ser humano em sua relação com o universo. Em resumo, a prática do taoismo permite ao ser humano encontrar seu lugar no universo. Pode parecer um pouco simplista resumir assim uma filosofia mais do que milenar, enquanto há inúmeras obras que consagram centenas de páginas para defini-la. Mas é preciso, sobretudo, não esquecer que quando falamos do taoismo estamos nos referindo já a outra coisa, porque o princípio mesmo de sua energia é esquivo e está sempre em mutação. Nós praticamos o taoismo e é por meio dessa prática que integramos sua essência, que compreendemos seu funcionamento. Para essa filosofia, não existem senão dois estados: o equilíbrio e o desequilíbrio.

Estar em equilíbrio é estar com saúde, feliz e próspero, desempenhar um papel produtivo na sociedade, ter compaixão pelos outros, explorar seu pleno potencial, e assim por diante. Estar em desequilíbrio implica que uma ou várias das características mencionadas antes estejam faltando, o que causa problemas, doenças e padecimentos. O taoismo está sempre em movimento, e sua filosofia considera os princípios da energia. Uma vez que tenhamos assimilado os princípios da energia, torna-se mais fácil compreender o taoismo. Para aprofundar mais essa filosofia, há numerosos livros dedicados a este assunto, assim como à medicina chinesa.

O yin e o yang

A teoria do yin e do yang é a pedra angular do taoismo, que simboliza a mutação perpétua da energia. Segundo este princípio, nós encontramos sempre no yin um pouco de yang, e vice-versa. Todo mundo conhece o símbolo do yin e do yang; ele é também a representação gráfica do taoísmo.

O yin e o yang se definem por oposição e por complementaridade um ao outro. Assim, o yang representa a força dinâmica, o Sol, o verão, o fogo, a luz, o calor, o céu, o alto, o princípio masculino, a atividade, o positivo e o rígido; o yin, ao contrário, representa a inércia, a luz, o inverno, a água, a obscuridade, o frio, a terra, o flexível, o princípio feminino, a passividade, o negativo e o flexível. Esta lista é, de qualquer maneira, um guia que nos permite compreender o princípio fundamental das duas forças e nos mostra sua complementaridade. Um não pode existir sem o outro, o que estimula e produz um movimento perpétuo de transformações, em torno do qual gravitam nossa existência e a do universo.

O chi

Chi é o nome dado pelo sistema chinês à energia dinâmica presente em tudo o que existe. Há três fontes de *chi*, sendo que duas são resultantes do princípio do yin e do yang. Na verdade, a tradição chinesa considera o ser humano como um ponto de encontro entre a energia yang do céu e a energia yin da terra. O ser humano tem também uma reserva de energia que lhe é própria e que é chamada de "energia ancestral". Essa energia é adquirida no momento do nascimento e representa a própria essência de nossa individualidade; ela contém nela mesma todas as nossas qualidades, todos os nossos defeitos, tudo o que contribui para fazer de nós um ser distinto e individual.

Cada pessoa recebe, portanto, a energia do céu (yang) pela via dos pulmões, e a energia da terra (yin) pela via do estômago. Essas energias se misturam com nossa energia ancestral e, assim, estamos prontos para funcionar! A energia ancestral é nossa herança genética, é o montante de energia que faz parte de nós desde o nascimento. Segundo as tradições chinesa e tibetana, o montante de energia ancestral que recebemos ao nascer indica, aproximadamente, a extensão de nossa existência. Depois disso, essa energia toma o caminho dos meridianos, dos canais energéticos nos quais circula, se transforma ou é armazenada na quantidade necessária ao bom funcionamento dos órgãos. Segundo o princípio do yin e do yang, a energia, neste estágio, se divide em duas categorias: a energia nutridora (yin) e a energia defensiva (yang).

A circulação dessa energia vital se realiza cotidianamente segundo um ciclo imutável: do meridiano do pulmão, ela passa ao meridiano do intestino grosso, depois para o do estômago, de onde ela se dirige para o meridiano do baço e do pâncreas. Daí, ela vai para o meridiano do coração, depois segue para o meridiano do intestino delgado e o meridiano da bexiga, de onde passa ao meridiano dos rins. Ela prossegue seu caminho no meridiano do pericárdio, para continuar no meridiano do triplo-aquecedor, daí para o meridiano da vesícula biliar e, finalmente, chegar ao meridiano do fígado. Depois disso, o ciclo recomeça: pulmões, intestino grosso, e assim por diante.

Os cinco princípios ou elementos

As relações energéticas entre os meridianos são definidas por outra teoria, que se chama a "Lei dos cinco princípios", ou a "Lei dos cinco elementos".

Os cinco princípios ou cinco elementos são a Madeira, o Fogo, a Terra, o Metal e a Água. Os elementos são ligados aos ciclos sazonais: a Madeira corresponde à primavera, o Fogo ao verão, o Metal ao outono, a Água ao inverno; quanto ao elemento Terra, ele corresponde aos dezoito últimos dias de cada estação. Essa lei dos cinco princípios considera que o universo e, por consequência, o ser humano, funcionam segundo um ciclo sistemático que se desenrola permanentemente segundo os dois princípios básicos do taoismo, o yin e o yang, os ciclos da geração e da inibição. Esses ciclos regem as relações entre os cinco elementos mencionados antes.

Nós vamos ver um pouco mais adiante que cada elemento corresponde a uma cor, a um alimento, entre outras coisas. Assim, é relativamente simples saber como superar uma deficiência. Para ilustrar este princípio, voltemos ao princípio básico do yin e do yang; a primavera leva ao outono, transformando a energia yin do inverno na energia yang do verão; quanto ao outono, ele transforma a energia yang do verão em energia yin do inverno. É um ciclo de mutação que contém nele os germes de sua própria transformação. Este mesmo princípio se calca perfeitamente sobre um ciclo mais curto, de um dia, no qual a manhã corresponde à primavera, o meio-dia ao verão, o fim de tarde ao outono e a noite ao inverno. Se considerarmos a vida de um ser, nosso nascimento e nossa pequena infância correspondem à primavera, nossa juventude até os quarenta anos corresponde ao verão, nossa maturidade até a aposentadoria, ao outono, e nossa velhice e nossa morte, ao inverno.

Nossos cinco elementos obedecem também ao princípio do yin e do yang, por seus ciclos de geração e inibição: a Madeira gera o Fogo, que gera a Terra, que gera o Metal, que gera a Água, que gera a Madeira, e tudo recomeça.

O ciclo de inibição se define da seguinte maneira: a Madeira inibe a Terra, o Fogo inibe o Metal, a Terra inibe a Água, o Metal inibe a Madeira e a Água inibe o Fogo.

Eis, a seguir, as principais características dos cinco elementos da medicina chinesa e suas correspondências em todos os domínios, tanto físico quanto espiritual.

- **A Madeira**: este elemento é ligado ao planeta Júpiter; sua estação é a primavera e sua direção, o leste. A Madeira é também ligada a um clima ventoso e seu período do dia é a manhã. Ela é representada pela cor verde. No que diz respeito à nutrição, quando devemos reequilibrar este elemento em nossa alimentação, os pratos em salmoura, vinagretes, são essenciais, particularmente os marinados; no capítulo da carne, o cordeiro é recomendado, assim como o pão de trigo ou qualquer alimento contendo este cereal. A Madeira rege nosso fígado, assim como nossa vesícula biliar. O sentido que corresponde a esse elemento é a visão: qualquer problema nos olhos demonstra um desequilíbrio deste elemento em nosso organismo. No plano psíquico, a percepção e a imaginação dependem da Madeira. Este elemento influencia nossa energia, principalmente no nível da exteriorização e da mobilização de nossas forças energéticas. A suscetibilidade e as tendências à cólera são sinais de perturbação deste elemento em nosso corpo. A harmonia e a serenidade são sinais de saúde; exteriormente, essas qualidades se destacam pela elegância e pela beleza.

- **O Fogo**: o planeta deste elemento é Marte, sua estação é o verão e sua direção, o sul. Quanto ao clima, ele certamente é o calor, enquanto a hora do dia que corresponde ao Fogo é o meio-dia. Sua cor é o vermelho. No que diz respeito à nutrição, o óleo e os grãos de gergelim são recomendados, assim como as aves domésticas e o peixe; a leguminosa que é mais conveniente é o feijão. Destaquemos também que todos os tipos de especiarias contribuem para restabelecer o equilíbrio deste elemento quando sua necessidade se faz sentir. O Fogo rege o funcionamento do coração e do intestino delgado. Todas as infecções da garganta demonstram um desequilíbrio deste elemento, cujo sentido correspondente é a fala. Sua influência psíquica se faz sentir nos planos da inteligência e da consciência. A energia que provém deste elemento se manifesta na presença que a pessoa demonstra; qualquer um que passe despercebido confirma um desequilíbrio no nível deste elemento. Os traços negativos associados a uma presença muito exagerada deste elemento se manifestam na violência do ser, assim como no gosto bastante acentuado, por vezes excessivo, pelos prazeres dos sentidos, sem contenção. O brilho é a principal qualidade que demonstra um equilíbrio no nível do Fogo, e uma das manifestações mais tangíveis desse equilíbrio é a prosperidade.

- **A Terra**: o planeta que influencia este elemento é Saturno. Nós não podemos dizer que uma estação em particular corresponda ao elemento Terra porque, de fato, são justamente os finais das estações, mais precisamente os dezoito últimos dias de cada uma delas, que são influenciados e influenciam o rumo desse elemento. Dá-se o mesmo em relação à direção, pois, em geral, é o centro, ou mesmo o nordeste ou o sudeste. O clima associado ao elemento Terra é a umidade, porque nada supera este estado para fazer aparecer os odores da terra. Seu período do dia é o início da tarde e ele é representado pela cor amarela. No que diz respeito à nutrição, o açúcar é seu ingrediente, e naturalmente todas as substâncias relacionadas, como o mel, o xarope de milho, o melado. Este elemento é favorecido pela carne de vaca e de rã, como também pelos legumes, e são a batata e o milho que restabelecem seu equilíbrio. A Terra rege o baço, o pâncreas e o estômago; assim, as úlceras e os problemas digestivos são produzidos por um desequilíbrio deste elemento em nosso corpo. O sentido correspondente a este elemento é o paladar. Sua influência psíquica se manifesta no nível da memória e da clareza de pensamento. É também neste nível que sua influência energética se faz sentir, permitindo melhor repartição de nossos recursos intelectuais. Um desequilíbrio se revela quando nos ressentimos de ansiedade ou quando exageramos em preocupação sem motivo justificável. Quando está equilibrado, este elemento traz a circunspecção e se traduz pela abundância.

- **O Metal**: o planeta associado a este elemento é Vênus e sua estação, o outono. A direção do elemento é o oeste e o clima favorecido por ele é o seco. O período do dia correspondente é o fim da tarde, que é representado pelo branco. Como podemos constatar, as referências chinesas são bastante diferentes daquelas com as quais estamos familiarizados. No que diz respeito à nutrição, a pimenta e os pimentões são indicados, assim como a carne de animais de caça e de cavalo. O arroz também é benéfico para restabelecer o equilíbrio deste elemento em nosso corpo. Ele rege nossos pulmões, assim como o intestino grosso. Todos os problemas respiratórios e de eliminação são sinais de desequilíbrio no nível deste elemento. O Metal influencia também o olfato. No plano psíquico, ele atua sobre a vontade, a disciplina e o rigor. Sua energia se faz sentir sobre nossa capacidade de interiorização. A tristeza e a mágoa indicam um desequilíbrio no nível deste elemento. As qualidades relacionadas a seu equilíbrio são a clareza e a integridade. As maneiras pelas quais este equilíbrio se materializa são a firmeza e o sentimento de realização.
- **A Água**: o planeta deste elemento é Mercúrio, sua estação, o inverno, e sua direção, o norte. O clima apropriado é o frio e o período do dia, a noite. O preto simboliza o elemento Água. No que diz respeito à nutrição, são o sal e o molho de soja que lhe correspondem, assim como a carne de porco e os crustáceos no que diz respeito às proteínas. As favas de soja são a leguminosa predileta para combater o desequilíbrio deste elemento. A Água rege os rins e a bexiga. É este o elemento que purifica

o sangue por intermédio dos rins e que livra o corpo das toxinas, pela ação da bexiga. Todos os problemas envolvendo esses órgãos são sinal de um desequilíbrio deste elemento. A audição sofre a influência da Água e a influência psíquica dela se manifesta no plano da vontade. A energia proveniente deste elemento desempenha um papel preponderante na capacidade de concentração. Um desequilíbrio é sinalizado por angústias e por medos sem motivo aparente. A principal virtude que resulta deste elemento é o rigor, e a manifestação mais aparente da harmonia proporcionada pela Água é demonstrada pela capacidade de escutar.

A medicina chinesa e os chakras

No plano filosófico, pode-se afirmar que o taoismo, sua teoria do yin e do yang e sua lei dos cinco princípios completam perfeitamente a teoria dos chakras. Embora a medicina chinesa vise ao ser humano, e sua posição se situe entre o céu e a terra e ela esteja relacionada à realidade material, e apesar de a teoria dos chakras ser mais etérica porque os sete chakras maiores são ligados diretamente a envoltórios astrais, os dois sistemas reconhecem a existência de canais psíquicos para conduzir a energia necessária ao bom funcionamento do corpo humano. A medicina chinesa é, portanto, muito prática, e a teoria dos chakras lhe é complementar em muitos níveis, por exemplo, nas diferentes técnicas e nos diversos métodos terapêuticos.

A MEDICINA TIBETANA

A medicina tibetana é um dos sistemas médicos mais antigos ainda praticados hoje em dia. Amplamente inspirado pela tradição indiana ayurvédica do século VII, que é conservada intacta, o sistema tibetano foi enriquecido pelas contribuições advindas da China e da Pérsia. Este sistema também soube conservar suas práticas xamânicas pré-budistas para criar uma medicina única e incomparável, que tira proveito de todas as tradições com as quais os monges entraram em contato. A medicina tibetana é verdadeiramente marcante pelo amálgama de suas práticas espirituais, mágicas e racionais, visando a cura do paciente. É uma medicina holística, que concentra a atenção sobre a relação entre o espírito e o corpo, assim como sobre a ligação entre o ser humano e o universo; seu fim último é restabelecer o equilíbrio cósmico, tanto interno quanto externo. Da mesma forma que para a maioria dos sistemas médicos tradicionais, a saúde é definida por um estado de equilíbrio, mas a medicina tibetana desenvolveu e aprimorou este conceito a um nível excepcional.

Segundo a medicina tibetana, a falta de harmonia que pode causar a doença resulta de fatores que se dividem em três categorias: os fatores naturais, resultantes de uma má alimentação, de uma mudança de temperatura ou de estação; os fatores psicológicos, resultantes das atividades cotidianas, do trabalho, de um estado psicológico, de influências astrológicas ou de forças invisíveis; e, finalmente, os fatores espirituais, ligados ao karma e resultantes de existências anteriores.

O tratamento dos efeitos kármicos constitui uma das facetas exclusivas da medicina tibetana. Conforme essa tradição, o karma supõe uma ligação entre o presente e as vidas anteriores; existe, portanto, uma continuidade psicomoral que pode afetar o ser atualmente encarnado e causar, por isso mesmo, um desequilíbrio que leve ao adoecimento. Para a medicina tibetana, as doenças que emanam de uma causa kármica — portanto as doenças espirituais — demandam um tratamento religioso que, curando os efeitos, se ocupará simultaneamente da causa. Nenhum outro sistema de medicina vai tão longe em sua prática holística.

Para simplificar e deixar acessíveis os princípios da tradição tibetana, vamos agrupá-los em três partes: a medicina tibetana integra, por outro lado, esses três aspectos em sua prática corrente. São eles a medicina dhármica ou religiosa, a medicina tântrica ou yogue e a medicina somática ou corrente.

A medicina dhármica cuida do aspecto espiritual do ser. Suas técnicas de cura são de natureza espiritual e psicológica e servem para compreender a natureza do espírito e para controlar as emoções negativas. Suas técnicas incluem a meditação, a prece, o desenvolvimento moral, assim como outras práticas religiosas. É a parte da medicina que se interessa pelas influências kármicas.

Quanto à medicina tântrica, ela abarca um nível intermediário entre os planos mental e físico. Essa parte da medicina tibetana é a que estudaremos com mais profundidade, porque ela nos permite descobrir outra maneira de ver e de tratar os chakras. A medicina tântrica usa práticas psicofísicas que transformam as energias vitais sutis do corpo e permitem, assim, a autocura e a cura dos outros. Este tipo de prática leva, frequentemente, a progressos psíquicos bastante importantes. À medida que nossa medicina ocidental descobre as origens psicossomáticas das doenças, os efeitos nefastos das emoções negativas sobre a química de nosso corpo e o papel da fé ou das emoções positivas por meio do efeito placebo, as técnicas tibetanas, que juntam os tratamentos espiritual, psíquico e yogue, podem ser de grande utilidade e nos permitir compreender melhor a relação entre o espírito e o processo de cura.

A terceira categoria de medicina, a medicina somática, é amplamente baseada na prática indiana ayurvédica, embora ela incorpore também noções provenientes de outras culturas e, naturalmente, do Tibete. Essa prática inclui a massagem, os banhos, as dietas, a utilização de uma farmacopeia de plantas, a acupuntura, e assim por diante. Nesta categoria de medicina, da mesma forma que nas outras, é interessante notar que a ênfase é colocada sobre o papel interativo do praticante, que deve ser compassivo e sábio. O grau de sua compaixão e de sua sabedoria é, digamos, proporcional a sua habilidade de curar seus pacientes.

A medicina tântrica e os chakras tibetanos

A medicina tântrica é, de alguma maneira, a ponte que liga a medicina dhármica, profundamente esotérica e espiritual, e a medicina somática, racional e científica. Ela realiza a ligação entre o corpo etérico e o corpo físico, por meio do cruzamento de canais psíquicos que atravessam nosso corpo e o banham de energia sutil. Seu objetivo consiste em harmonizar as relações entre o corpo etérico e o corpo físico, até a unificação completa dos três níveis do ser. À medida que uma pessoa progride nesse caminho, ela descobre nela os poderes psíquicos: o dom de curar, lembranças de suas vidas passadas e o dom de ler os pensamentos. Não é preciso dizer que essa pessoa goza também de excelente saúde. Os chakras desempenham um papel muito importante nesse aspecto da medicina tibetana.

São apenas seis os chakras na tradição tibetana, em lugar dos sete da tradição indiana. Desses seis chakras, somente cinco são verdadeiramente significativos e três são usados em terapia. O termo tibetano para chakra é *khor-lo*, que significa "roda". Também se representa o chakra por uma roda com um determinado número de raios em seu centro. Vamos, portanto, às correspondências dos cinco chakras tibetanos. *Skanda* significa "centro de percepção"; é o domínio onde o chakra exerce sua influência.

O chakra da cabeça

Chamado de "Roda da beatitude", ele contém 32 raios; sua cor é o branco e este chakra é energizado pelo mantra *OM*. O elemento que o caracteriza é o Éter, e sua direção é o centro. Este chakra é protegido pelo Buda e corresponde a todo o corpo. É representado pelo leão e seu *skanda* se encontra nas formas. O que o envenena é a ignorância; a sabedoria lhe permite contrapor-se a ela. O chakra da cabeça governa a glândula pineal.

O chakra da garganta

Chamado de "Roda da felicidade", este chakra contém 16 raios. Sua cor é o vermelho e ele é energizado pelo mantra *AH*. Ele corresponde ao elemento Fogo e sua direção é o oeste. Este chakra é protegido por Padma, e sua característica física é a linguagem. O pavão o representa, e seu *skanda* se encontra no plano das percepções. Este chakra é envenenado por um desejo imoderado, insaciável, e é o discernimento que combate seu efeito. Ele governa a glândula tireoide.

O chakra do coração

Chamado de "Roda dos fenômenos", este chakra contém 8 raios. Sua cor é o azul e o mantra que o energiza é *HUM*. Seu elemento é a Água e sua direção, o leste. Ele é protegido por Vajra e sua representação animal é o elefante. Seu *skanda* se situa no plano da consciência. Esse chakra é envenenado pela raiva, e, para se contrapor a seu efeito nocivo, é preciso usar o espelho. As glândulas suprarrenais são governadas pelo chakra do coração.

O chakra umbilical

Chamado de "Roda das transformações", este chakra contém 64 raios. Sua cor é o amarelo e o mantra que o energiza é *SWA*. Seu elemento é a Terra e sua direção é o sul. Ele é protegido por Ratna e sua representação animal é o cavalo. Seu *skanda* está situado no plano das emoções. Ele é envenenado pelo orgulho e é com o sentimento de igualdade que se pode combater este efeito nocivo. O pâncreas é governado por este chakra.

O chakra sexual

Chamado de "Roda da preservação da felicidade", este chakra contém 32 raios. Sua cor é o verde e ele é energizado pelo mantra *HA*. Seu elemento é o Ar e sua direção, o norte. Ele é influenciado pelos senhores do karma e sua representação animal é a de um pássaro, o shang-shang. Seu *skanda* se localiza no plano dos conceitos. A inveja o envenena, enquanto as realizações anulam a nocividade desse sentimento. As gônadas são governadas por este chakra.

✻ ✻ ✻

O sistema tibetano tem particularidades muito interessantes, que podem nos ajudar em nosso desenvolvimento pessoal, sobretudo quando enfrentamos algum problema específico ligado a uma emoção como a inveja ou a raiva. Os antigos tibetanos usavam muito a terapia das cores, assim como a de pedras preciosas para aliviar diversas doenças. Eles tinham, também, desenvolvido técnicas de cura particulares, das quais uma é bastante popular hoje em dia, o reiki.

O ESTRESSE, AS TENSÕES
E A AUTOCURA

A menos que se viva só, apartado de tudo, é impossível, atualmente, escapar do estresse da vida quotidiana. Em nossa sociedade moderna, há dezenas de fatores que contribuem para aumentar o estresse e a tensão e, consequentemente, os riscos de doença, que podem ir de uma simples dor de cabeça ao câncer. Sendo impossível fugir completamente do estresse, é necessário aprender a gerenciar o melhor de nós, a nos adaptarmos às pressões e reagirmos da maneira mais positiva aos ataques e às agressões de nossa época.

Os chakras, enquanto centros vitais do corpo humano, são extremamente sensíveis a todas as perturbações físicas e emocionais. O estresse e as tensões mal trabalhadas provocam nos chakras alguns nós, que acarretam perturbações físicas de todos os tipos. Todas as diversas terapias mencionadas nesta obra têm por objetivo principal dissolver esses nós e restabelecer a circulação harmoniosa da energia. Entretanto, não é sempre uma necessidade absoluta seguir uma terapia. O funcionamento regular da máquina humana é quase sempre suficiente para assegurar a harmonia e a livre circulação do fluxo energético.

Vamos a uma lista de sintomas causados pelo estresse e pela tensão:

Nota: É preciso se assegurar de que esses sintomas são verdadeiramente causados pelo estresse e não sinais de doenças mais graves.

- Crispação do pescoço no nível das vértebras cervicais e na mandíbula;
- Dor nas costas;
- Dor de cabeça ou enxaquecas;
- Palpitações cardíacas acompanhadas de transpiração abundante;
- Tremores e tiques nervosos;
- Hipertensão;
- Úlceras estomacais;
- Crises de choro espontâneas e sem razão aparente;
- Dificuldades respiratórias esporádicas sem causa aparente;
- Insônia ou pesadelos;
- Vertigens;
- Problemas de visão;
- Ansiedade e crises de angústia;
- Abatimento e depressão;
- Grandes dificuldades de concentração;
- Fadiga extrema ou crônica;
- Impaciência incontrolável.

Naturalmente, a quantidade de sintomas corresponde à quantidade de pessoas estressadas, porque cada um tem sua própria maneira de reagir a uma determinada situação. Depois de haver estabelecido os sintomas, é importante encontrar as causas do estresse e das tensões. A seguir, apresentamos algumas causas mais frequentes (em uma ordem decrescente em relação ao fator de risco) e suscetíveis de levar, mais ou menos no longo prazo, a uma doença mais ou menos grave:

- Morte do cônjuge;
- Divórcio;
- Morte de um amigo ou de um membro da família;
- Doença ou acidente;
- Casamento;
- Perda do emprego;
- Aposentadoria;
- Gravidez;
- Mudança de emprego;
- Falência ou outros problemas jurídicos;
- Dificuldades profissionais;
- Mudança.

Há inúmeras outras; na verdade, todas as mudanças da vida (o nascimento de um bebê, a partida de um cônjuge, uma mudança de horário, uma demissão, a espera de um diagnóstico médico, muito trabalho ou pouco trabalho, as responsabilidades familiares, os problemas financeiros), todas as mudanças bruscas ou profundas ou todas as perturbações da rotina são fatores que ameaçam aumentar nosso grau de estresse e provocar distúrbios sérios em nosso organismo.

Por outro lado, é preciso não esquecer que, sendo os agentes do estresse tão numerosos, eles variam, com certeza, de uma pessoa para outra. O mesmo acontecimento pode ter um impacto diferente conforme a percepção individual de cada um. Além disso, muitas causas de estresse são relativamente fáceis de eliminar. Entretanto ser bem-sucedido nesta tarefa, é sempre resultado de algumas condições, como a determinação, a vontade de vencer e de encontrar a paz do corpo e do espírito, a fé e a perseverança. Esta última é de extrema importância porque, pouco importa o tratamento que começarmos, se nós o abandonarmos ao fim de alguns dias ou de algumas semanas, nossos esforços terão sido em vão. Isso porque a medicina natural, aquela que passa pela busca da harmonia física, mental e espiritual, não age da mesma maneira que um medicamento químico. Seu efeito é menos rápido, talvez, mas certamente mais duradouro, porque este tipo de tratamento provoca, na maior parte do tempo, mudanças pessoais profundas.

A CURA NATURAL OU AUTOCURA

Atualmente, inúmeras práticas terapêuticas holísticas, ou de medicina alternativa, convivem com a medicina tradicional. Os cidadãos têm acesso a uma enorme variedade de opções quando se trata de restaurar a saúde.

Infelizmente, há neste terreno os exploradores, os charlatães, cujo único objetivo é ganhar dinheiro abusando da credibilidade e da vulnerabilidade das pessoas doentes que buscam a cura a qualquer preço.

Nós precisamos, portanto, encontrar um terapeuta competente e honesto, e a melhor forma de fazer isso é nos assegurando de que ele atende aos critérios de excelência reconhecidos pelas associações profissionais. Não hesite em buscar informações junto a elas.

Quando nós decidimos optar pela medicina alternativa, devemos participar do processo de cura. Não é suficiente, apenas, consultar um acupunturista, ou um naturopata; é necessário também levar em consideração nossa alimentação, nosso programa de exercícios, etc. Nosso compromisso deve levar em conta os principais pontos a seguir.

A participação ativa

Todos os métodos holísticos visam a reconquista da saúde, exigindo do paciente que ele participe ativamente do processo de cura. De nenhum modo ele poderá confiar exclusivamente, e de maneira passiva, no poder das pedras, da cor, das agulhas, da música, etc., porque todos esses métodos de cura não são verdadeiramente eficazes senão quando existe uma simbiose entre o corpo e o espírito. Eles necessitam, portanto, de uma estreita colaboração da própria pessoa que está sendo tratada. Eis alguns exemplos de medicina alternativa: acupuntura, homeopatia, cromoterapia, litoterapia, massoterapia, hipnose, reiki, reflexologia, tratamento com ímãs, tratamento com cristais, fitoterapia, musicoterapia.

O paciente deve enfrentar o problema de encontrar um terapeuta competente, mas ele deve, também, tornar-se mestre de seu corpo e de sua saúde. Na qualidade de proprietário único de nosso veículo físico, devemos assumir nossas responsabilidades, reivindicar nossos direitos, redescobrir nosso poder e demonstrar nossas aptidões, porque o poder de curar está em cada um de nós.

Na verdade, a doença é a má utilização do dinamismo vital. Em oposição, a saúde significa o retorno ao funcionamento normal. Todo retorno à saúde implica, assim, uma participação dinâmica e ativa e não um estado de submissão ou de resignação.

Uma atitude positiva

Todos nós sabemos que uma atitude positiva e construtiva é essencial para o sucesso de um empreendimento. Nada acontece sem que, antes, tenhamos verdadeiramente acreditado, conscientemente ou não. Antes de uma competição esportiva, o atleta se prepara fisicamente treinando de forma regular, porém, mais do que isso, ele se prepara mentalmente visualizando o jogo ou a prova a ser disputada. Ele imagina os passes, os deslocamentos, as manobras, a evolução do jogo ou da prova; ele imagina também a progressão; ele se vê cheio de empenho e ardor, tendo as iniciativas felizes, e, logicamente, ele escuta os gritos, as aclamações e os aplausos da multidão. Ele é vencedor. Eis o que é uma atitude positiva.

Da mesma maneira, se nós enviamos nosso currículo a uma empresa com o objetivo de obter uma colocação que cobiçamos e fazemos isso nos dizendo que temos pouquíssima chance de ser escolhidos, que outras pessoas, mais jovens e mais instruídas que nós, têm maiores chances, que nós não temos verdadeiramente o perfil para o cargo, que... que... que... bem, seguramente, nós não vamos conseguir o emprego, porque nossa atitude negativa será percebida e nosso nome será retirado da lista dos candidatos potenciais! Tudo é uma questão de atitude.

A fé

Algumas pessoas têm a força necessária para enfrentar todos os acontecimentos da vida; outras acreditam na oração, outras, ainda, na visualização ou na interferência de forças paranormais, de entidades desencarnadas ou de anjos guardiões. Pouco importa onde nós buscamos os recursos de que temos necessidade para enfrentar a vida e seus problemas, o importante é acreditar, porque essa crença intensa é a chave da conquista.

Quer essa certeza se encontre no plano psicossomático (sem nenhuma intervenção da consciência), quer ela seja a expressão do desejo profundo de curar ou caia na autossugestão, não há nenhuma importância. O importante é a energia que essa certeza libera; porque, para que um empreendimento, um projeto, uma atitude tenham sucesso, é preciso estar convencido de seu sucesso. A regra é a mesma para todos os desafios, quer seja uma prova esportiva, uma batalha intelectual ou a luta contra uma doença.

É necessário estar convencido de que vamos conseguir a vitória, de que nós vamos ganhar, porque nada jamais acontece sem uma profunda crença, sem uma intensa convicção daquilo que fazemos. Se antes mesmo de dar início a um processo de cura nós colocamos em dúvida a eficácia do processo ou a competência do terapeuta, não esperemos nenhum resultado positivo porque, nesse estado de espírito, o único resultado possível é o fracasso.

A regularidade e a perseverança

Sobretudo, não nos lancemos com a energia do desespero na prática de variadas técnicas terapêuticas. É preciso, acima de qualquer coisa, escolher uma e praticá-la com regularidade.

Edgar Cayce, o célebre médium, frequentemente recomendava às pessoas doentes que o consultavam fazer sempre a mesma atividade, no mesmo momento do dia, e isso dia após dia, porque o corpo se revolta se nós começamos alguma coisa e a interrompemos logo em seguida. Então, depois de avaliar cuidadosamente as oportunidades que se oferecem a nós, devemos escolher uma terapia, depois segui-la a fundo, até o fim. Esta é outra chave para o sucesso.

COMO ABRIR OS CHAKRAS

Existem numerosas técnicas e terapias cujo objetivo é abrir os chakras e aumentar o fluxo de energia que circula por eles. Mas é preferível conhecer de início algumas técnicas básicas, sejam de respiração, de relaxamento, assim como a meditação.

O objetivo último da meditação é despertar a consciência superior e conectar o espírito do homem com a consciência cósmica, divina. A meditação permite a descoberta de espaços incomuns, misteriosos, assim como todo um universo paralelo dos quais pressentimos a existência, onde o tempo e o espaço não existem.

Para atingir esse estado é necessário conseguir disciplinar nosso espírito. E isso não é fácil; o espírito, no estado de vigília, é apinhado de milhares de ideias e de pensamentos que vão, vêm, se aquecem, se chocam, dando origem a inúmeras emoções. Meditar é fechar seu espírito a todas essas emoções para estabelecer uma ligação com o cosmos.

A seguir, algumas palavras sobre a respiração, o relaxamento, assim como uma meditação guiada que tem como objetivo harmonizar e abrir nossos chakras.

A RESPIRAÇÃO

A respiração é essencial para estar em contato consigo mesmo. Comece, portanto, regularizando sua respiração; essa é uma função física totalmente natural. Existem inúmeras técnicas de controle da respiração. Apresento aqui uma bastante simples, que proporciona excelentes resultados e que pode ser praticada em qualquer momento, quando você quiser restabelecer a calma e diminuir o impacto do estresse.

Um exercício de respiração

- Concentre-se na sua respiração;
- Inspire contando, lentamente, até quatro;
- Segure a respiração contando, lentamente, até dois;
- Expire, lentamente, contando novamente até quatro;
- Mantenha os pulmões vazios e conte até dois;
- Recomece. Inspire no tempo da contagem até quatro, segure o ar nos pulmões e conte até dois, expire lentamente contando até quatro e segure os pulmões vazios contando até dois. No início, isso poderá parecer um pouco difícil, mas rapidamente você pegará o jeito;
- Repita esse ritmo até que ele se torne familiar a você.

Se esse ritmo não for confortável para você, faça o exercício até que tenha encontrado o ritmo que melhor lhe convenha. Não existe um ritmo melhor que o outro; o importante é que você encontre a cadência que lhe seja mais conveniente. Aprender a respirar corretamente é essencial para abrir seus chakras pela meditação.

O RELAXAMENTO

Relaxar é também essencial para conseguir meditar. Por outro lado, os benefícios do relaxamento podem se fazer sentir por si mesmos, sem que seja necessário ir muito longe. Este exercício abre e harmoniza seu chakra da base e permite uma ligação mais direta com a terra e a energia da vida.

Tomando consciência de cada uma das partes do nosso corpo, nós as energizamos e ancoramos nosso chakra na realidade física. Por meio desse gesto, nós permitimos a nosso chakra funcionar de maneira apropriada e revitalizamos todos os outros; de início, os chakras 2 e 3, que são ligados ao mundo físico, depois os chakras superiores, que, por intermédio do chakra do coração, recebem a energia da terra de uma forma espiritual.

Um exercício de relaxamento

Eu me sinto completamente relaxado, meu corpo se sente pesado.

Como se eu repousasse sobre a areia e meu corpo afundasse lentamente nessa areia quente.

Eu direciono minha atenção para meus pés, meus dedos dos pés estão completamente relaxados, meus calcanhares se tornam pesados e afundam lentamente na areia. Meus pés estão totalmente relaxados. Eu sinto todos os músculos e tendões se distenderem.

Meus tornozelos se soltam, eu os sinto afundar lentamente, ficando cada vez mais pesados, minhas pernas também se distendem, todos os meus músculos relaxam completamente, minhas pernas ficam mais e mais pesadas, elas afundam suavemente na areia quente. Eu sinto o peso do dia se desprender de meus músculos.

Eu me sinto bem, todo o meu corpo se distende e se sente impregnado de um calor agradável. Todos os meus pensamentos estão concentrados em meu corpo, que relaxa; eu me deixo embalar docemente pelo ritmo de minha respiração e relaxo.

Minhas coxas se tornam pesadas e, por sua vez, afundam com suavidade. Eu me sinto bem, completamente relaxado. Eu deixo meus pensamentos vagarem, me desligo dos ruídos à minha volta, eles continuam ali, mas eu não presto mais atenção neles. Penso somente em meus músculos, que amolecem como manteiga ao sol.

Meu ventre e minhas nádegas também relaxam, eu afundo confortavelmente na areia, tomando consciência de minha realidade corporal. Meu corpo é um instrumento incrível que me serve todos os dias e, relaxando, eu lhe mostro meu apreço.

Respiro profundamente e, a cada uma de minhas inspirações, sinto meu corpo relaxar cada vez mais. Meus braços se soltam completamente, eles agora estão pesados e eu não consigo levantá-los; eles afundam suavemente na areia. Cada um de meus dedos se crispa e relaxa lentamente, à medida que meus antebraços e meus punhos se soltam. Eu penso em minhas mãos, que trabalham tanto para me servir em todas as minhas tarefas, e sinto-as relaxar completamente.

Continuo a respirar lenta e profundamente, e meu tórax se distende. Agora é a vez de minhas escápulas e meu pescoço, que relaxam, e eu sinto uma sensação de bem-estar profundo percorrer todo o meu corpo. Minha respiração se torna mais profunda à medida que minha caixa torácica relaxa. Deixo ir embora todos os meus problemas, para experimentar, plenamente, o milagre de minha respiração.

Respiro sempre bem devagar, sempre profundamente, vou manter este ritmo de respiração ao longo de todo o exercício, não vou me desligar de minhas respirações, elas vão se realizar nesse ritmo, lento e profundo, durante toda a duração deste exercício.

Eu relaxo agora minha cabeça, das pontas dos cabelos à minha garganta; sinto meu cérebro relaxar, meus olhos ficam completamente relaxados, minhas orelhas se distendem, minha boca e meus lábios estão completamente relaxados.

Todo o meu corpo está agora pesado e relaxado, eu sou incapaz de me mexer, mas este é um sentimento prazeroso. Eu afundo mais na areia quente e meu corpo está completamente sustentado por ela. Um doce calor me invade e eu me sinto bem.

Eu me sinto completamente relaxado e sinto uma energia percorrer meu corpo; percebo minha ligação com ele, estou perfeitamente bem.

A MEDITAÇÃO

A meditação tem um lugar bastante importante no que diz respeito à abertura dos chakras. É a maneira mais natural de criar harmonia nesses centros de energia, de abri-los e de usufruir os benefícios associados a cada um deles.

Um exercício de meditação

O exercício de meditação que se segue permite não só a abertura de nossos chakras como também sua revitalização.

Quando pensamos em cada um de nossos chakras, podemos imaginá-los como pequenas rodas que giram no sentido dos ponteiros de um relógio.

Para nos ajudar a pensar na cor correspondente, podemos imaginar um objeto da cor em questão. Para o vermelho, por exemplo, pensemos em uma rosa vermelha; para o amarelo, pensemos no Sol, e assim por diante.

O chakra da base

Eu mentalizo a cor vermelha e, à medida que sinto seu raio percorrer meu corpo, relaxo. A cor vermelha entra em meu chakra da base e, ao mesmo tempo, eu sinto a energia da terra entrar em mim, guiada pela influência benéfica da cor vermelha. Sinto uma ligação com o planeta e todas as criaturas que o habitam. Eu sou um filho da terra e meu corpo está confortavelmente ancorado na energia dela.

Eu relaxo totalmente com a cor vermelha.

O chakra sexual

Eu agora mentalizo a cor alaranjada e, à medida que sinto seu raio percorrer meu corpo, relaxo. A cor laranja entra em meu chakra sexual e, ao mesmo tempo, eu sinto minhas emoções se acalmarem com a influência benéfica dessa cor. Minhas emoções formam uma onda que me percorre lentamente. Eu não deixo que minhas emoções me controlem; eu lhes permito, simplesmente, que passem como uma onda, sem me deixar engolir e sem me deixar levar por elas. Sua cor alaranjada se mistura ao fluxo de minhas emoções, harmonizando-as.

Eu posso, agora, deixar fluir completamente minhas emoções; elas me abandonam de modo harmonioso.

Eu relaxo completamente graças à cor alaranjada.

O chakra do plexo solar

Eu penso e mentalizo a cor amarela e, à medida que sinto seu raio percorrer meu corpo, relaxo. A cor amarela entra em meu chakra do plexo solar e, imediatamente, sinto que todos os esforços que empenhei em minhas tentativas infrutíferas, em projetos que não deram certo, deixam de drenar minha energia. Eu posso, agora, concentrar minha energia e minha vontade em realizações proveitosas, com a influência benéfica da cor amarela. Eu sinto em mim uma renovação de energia, sinto que minhas intenções se alinham com as intenções de meus guias e de meu *Eu Superior*. Eu posso, agora, progredir em meu caminho ideal e realizar meus sonhos.

Eu consigo relaxar ainda melhor graças à cor amarela.

O chakra do coração

Eu agora mentalizo a cor verde e, à medida que sinto seu raio percorrer meu corpo, relaxo. A cor verde penetra em meu chakra do coração e, imediatamente, todos os sentimentos que eu experimento por mim, pelos outros, pelo universo, são avivados e purificados com a influência benéfica dessa cor.

Eu aproveito esta ocasião para perdoar a todos os que têm feito mal a mim, conscientemente ou não, e me perdoo pelo mal que pude causar aos outros, conscientemente ou não. Eu me perdoo também pelo mal que causei a mim mesmo. Com a influência da cor verde, eu experimento todo o amor que meus guias e o próprio universo manifestam por mim e me sinto amado incondicionalmente.

Eu relaxo completamente graças à cor verde.

O chakra da garganta

Eu agora mentalizo a cor azul-claro e, à medida que sinto seu raio percorrer meu corpo, relaxo. A cor azul-claro penetra em meu chakra da garganta e, imediatamente, eu sinto que todas as palavras que ficaram aprisionadas em minha garganta, todas as palavras que eu disse ou não, se desprendem harmoniosamente com a influência benéfica dessa cor. O raio azul-claro limpa os meus canais de comunicação, que estão agora livres e abertos, e eu posso, a partir de agora, me comunicar livremente com meus guias.

Eu relaxo completamente graças à cor azul-claro.

O chakra do terceiro olho

Eu agora mentalizo a cor índigo e, à medida que sinto seu raio percorrer meu corpo, relaxo. A cor índigo penetra em meu chakra do terceiro olho e, imediatamente, eu sinto meus centros psíquicos se abrirem para receber seu raio. Eu posso sentir meus dons psíquicos despertarem e meu nível de intuição aumentar com a influência benéfica dessa cor. Pouco a pouco, descubro meus dons psíquicos, revelo meus talentos que estavam adormecidos. Eu me sinto completamente confiante, completamente no domínio de meus talentos e meus dons.

Eu relaxo completamente graças à cor índigo.

O chakra da coroa

Eu agora mentalizo a cor violeta e, à medida que sinto seu raio percorrer meu corpo, relaxo. A cor violeta penetra em meu chakra da coroa e, imediatamente, eu sinto a energia do universo entrar em mim. Eu sinto que tenho um papel a desempenhar no universo, que tenho um lugar. Com a influência benéfica dessa cor, eu me sinto unificados com o cosmos. Eu sinto a realidade de minha alma.

Eu relaxo completamente graças à cor violeta.

Eu me sinto, agora, banhado por um raio de luz branca; este raio penetra em meu chakra da coroa e prossegue em seu caminho ao longo de cada um dos outros chakras, ligando-os e harmonizando-os. Sinto meu corpo envolvido por uma nova energia. Eu me sinto completamente relaxado, completamente harmonizado com o universo.

Nota: Você pode trabalhar cada um dos chakras separadamente, concentrando-se sobre um por vez ou trabalhando-os em conjunto, seguindo a ordem dada aqui.

AS TERAPIAS

Existe uma enorme variedade de terapias que envolvem o conceito de chakras; eis, a seguir, algumas delas.

A acupuntura, o shiatsu e a acupressão

Nós apresentamos aqui muitas técnicas que se inspiram na medicina chinesa e no princípio de que a doença é causada por um desequilíbrio do fluxo de energia que circula em nosso corpo, seguindo alguns percursos. Como nós vimos anteriormente, o corpo é, literalmente, percorrido por inúmeros pontos de energia que são ligados entre si por canais por onde corre a energia vital que nos mantém vivos.

A inserção de agulhas em alguns pontos determinados do corpo, ou seja, a acupuntura, permite restabelecer uma circulação conveniente e favorece assim a cura. Além do uso de agulhas padrão, para restabelecer essa circulação, nós podemos nos servir de diversos instrumentos. Atualmente, está se tornando comum o uso do recurso das estimulações elétricas, de ultrassom e até mesmo de raios laser. Quaisquer que sejam elas, todas essas técnicas produzem os mesmos resultados: elas restabelecem a corrente energética nos canais denominados meridianos. Esses pontos de energia são vórtices semelhantes aos chakras, embora sua importância seja mais específica. Há, aproximadamente, 160 desses pontos espalhados por todo o nosso corpo.

O conceito do yin e do yang está na base filosófica de todas as terapias que propõem harmonizar esses dois princípios por intermédio dos meridianos. Esses circuitos têm inúmeros pontos dispersos chamados *tsubo*, muito conhecidos pelos acupunturistas, que neles inserem as agulhas com o objetivo de reequilibrar a corrente energética. Quanto ao praticante de shiatsu ou de acupressão, ele exerce uma pressão com os dedos sobre esses pontos, de modo a restabelecer a harmonia ao longo do meridiano.

A massagem shiatsu é originária do Japão. Ela foi criada no início do século XX, a partir dos princípios fundamentais da medicina chinesa e das massagens chinesas. O termo shiatsu deriva de duas palavras: *shi*, que significa "dedo", e *atsu*, que quer dizer "pressão". Essa forma de massagem implica, portanto, pressões exercidas com os dedos e os pulsos, mas também com os cotovelos, os joelhos e até mesmo com os pés. Mas não apenas isso. São usados também outros tipos de manipulação: pancadas, fricções, torções, estiramentos e imobilizações entram em jogo durante uma massagem completa.

Para melhor compreender, nós podemos associar o shiatsu ao reflexo instintivo, quando sentimos uma dor, uma câimbra: nosso reflexo é de levar a mão ao local para massagear e tentar aliviar a dor. Embora a prática do shiatsu seja mais complexa, o princípio básico é bastante natural: trata-se, na verdade, de uma forma de manipulação efetuada com a ajuda dos dedos e das palmas das mãos, sem recorrer ao uso de nenhum instrumento mecânico ou de qualquer outro tipo, para exercer as pressões sobre a pele, para corrigir distúrbios internos, para promover e para manter um estado saudável.

É bom destacar que, contrariamente a outras técnicas clássicas de massagem, o shiatsu não requer a utilização de óleo, porque ele é feito sobre a pele seca e mesmo sobre a roupa. Nós podemos receber uma massagem shiatsu completamente vestidos. Em geral, o shiatsu é feito ao sol, o que permite ao praticante usar harmoniosamente todo seu corpo para exercer pressões eficazes. Alguns praticantes preferem usar uma mesa especial de uma altura que não ultrapassa o joelho do massageador. Nós podemos acrescentar também que, já há alguns anos, é possível usar uma cadeira especialmente criada para o shiatsu. É importante não esquecer as qualidades terapêuticas desta arte porque, como ela atua sobre o sistema energético, deve ser executada segundo algumas regras bem precisas. É contraindicado efetuar uma massagem em alguém que tenha passado recentemente por alguma intervenção cirúrgica maior, alguém que esteja com alguma infecção cutânea ou que esteja febril. É importante mencionar também o estado de saúde do próprio praticante de shiatsu. Algumas condições, como as doenças cardíacas ou pulmonares, necessitam de algumas precauções por parte do massageador.

Para terminar, destacamos que estas ferramentas de prevenção não substituem a medicina tradicional ocidental, mas elas podem nos ajudar a nos manter saudáveis. É importante não ver nelas uma cura milagrosa; portanto, é fundamental consultar também seu médico, para avaliar qual é o problema. Em resumo, a acupuntura, a acupressão e o shiatsu revitalizam tanto o corpo quanto o espírito e nos permitem conhecer nosso corpo em profundidade. São ferramentas de prevenção que ajudam a manter nosso corpo em harmonia e, por isso mesmo, saudável.

※ ※ ※

As terapias abordadas a seguir são originárias da tradição tibetana, embora tenham sido modificadas para incluir o sistema hindu dos chakras.

O reiki

O reiki é um método de cura fundamentado na transferência de energia de uma pessoa para outra. Ele foi posto em prática pelos tibetanos há muitos milênios. A data exata se perdeu no decorrer dos séculos e alguns afirmam que o reiki provém, de fato, das tradições da Atlântida. Qualquer que seja a hipótese correta, este método se baseia no conhecimento profundo da natureza do espírito, da energia e da matéria. Esta prática visa tratar do corpo harmonizando-o com a alma, para restabelecer o equilíbrio da saúde. Encontramos o reiki, com outros nomes, em inúmeras culturas, notadamente na Índia, no Egito e na China; ele é até mesmo mencionado na Bíblia.

O reiki foi descoberto no fim do século XIX pelo doutor Mikao Usui, que lecionava, na época, em uma universidade do Japão. O doutor Usui se pôs a pesquisar como Cristo e alguns de seus discípulos chegaram a curar pela imposição das mãos. Ele começou por estudar todos os textos da Bíblia, assim como a variedade de textos religiosos do Vaticano. Não podendo encontrar os ensinamentos pertinentes, ele se voltou para os escritos dos *Vedas* hindus e os textos budistas. Aí ele encontrou os ensinamentos sobre esse tipo de cura, mas nada sobre o método em si. Ele estudou durante sete anos até que descobriu os textos atribuídos a um discípulo de Buda. Esses textos descreviam tanto a fórmula quanto os símbolos que serviam para curar, mas não o modo de uso. Ele decidiu então meditar, e foi no curso desse retiro que ele compreendeu finalmente o princípio do reiki.

É uma forma de energia que ativamos graças a alguns símbolos. A energia proveniente do universo penetra no praticante pela via do chakra do coração e se expande por todo o corpo pela via dos meridianos. Essa energia pode então ser transmitida a outra pessoa por intermédio dos chakras menores das mãos.

A energia do universo inunda todas as coisas, e o praticante do reiki serve de conduto para transferir essa energia de suas mãos para outra pessoa que tenha necessidade. A energia simplesmente está lá, e o reiki oferece uma chave para que a utilizemos e tiremos partido dela. O reiki não é nenhuma seita ou religião, é apenas uma técnica de cura pela imposição das mãos. Durante a transferência de energia, o reiki penetra o corpo do receptor na forma de vibrações que nós podemos perceber de diferentes maneiras: por uma ligeira pulsação, uma sensação de calor e de bem-estar. Alguns não sentem nenhuma mudança perceptível. Não há regras fixas, é tudo uma questão de sensibilidade pessoal.

A cromoterapia ou a terapia pelas cores

Originária também da tradição tibetana, a terapia pelas cores se modificou através dos séculos para se adaptar ao sistema hindu dos chakras.

A seguir, alguns truques para tirar proveito desta terapia, com o objetivo de aumentar a energia em cada um dos chakras, pela influência da cor correspondente. É suficiente, algumas vezes, simplesmente vestir roupas da cor correspondente para energizar o chakra em questão: se nós nos sentimos sem energia, usemos roupas de baixo vermelhas; se temos uma decisão a tomar, usemos amarelo para fortalecer nossa vontade. Usemos nossa imaginação. Há inúmeros livros sobre terapia pelas cores que nos servirão de guia.

O chakra da base

Sua cor é o vermelho, associado ao fogo, ao calor, ao sangue, à sensualidade, à cólera, à raiva, ao desejo e ao amor profundo. Ele tem uma vibração quente.

Em cromoterapia, o vermelho ajuda a combater a depressão, a neurastenia e os estados letárgicos. Ele estimula o sistema imunológico; ele estimula o organismo, aumentando a pressão sanguínea; ele dá energia e coragem, assim como autoconfiança; ele ajuda a ver a vida de forma mais positiva.

O vermelho atua, também, sobre o sistema nervoso, ele tem uma influência sobre a respiração, excita o corpo e estimula o sistema linfático. Esta cor melhora a circulação sanguínea e estimula o sistema nervoso, o que energiza os sentidos: a visão, o olfato, o paladar, a audição e o tato. Esta cor é também recomendada nos casos de anemia, pois ela aumenta a produção de glóbulos vermelhos no sangue. Ela pode favorecer a expulsão de toxinas pela pele, o que provoca, muitas vezes, vermelhidão e espinhas.

O chakra sexual

Sua cor é o laranja, associado à energia, à paixão. É uma cor positiva, fortificante e tonificante. Ela simboliza a alegria, a vitalidade.

Em cromoterapia, usa-se o laranja para refrear e harmonizar os movimentos de cólera, de irritabilidade, de negativismo. Esta cor aplaca os rompantes, a agressividade e a violência.

Esta cor é também ligada ao cálcio e é bastante usada para ajudar os ossos a se conservarem em bom estado. É um estimulante respiratório que tem propriedades antiespasmódicas. Usa-se a cor laranja para aumentar a produção de leite nas mulheres que amamentam.

Esta cor é também ligada às emoções. Ela pode servir para acalmar e para harmonizar as emoções muito fortes e ajudar os indivíduos às voltas com problemas sexuais.

O chakra do plexo solar

Sua cor é o amarelo, associado ao espírito, ao intelecto, à inteligência superior, à sabedoria. Ele simboliza a vontade.

Em cromoterapia, o amarelo é o pêndulo do sistema nervoso. Ele exerce sua ação sobre o plexo solar para autorizá-lo a usar seu vigor e sua força com ordem e lógica. É um estimulante do sistema nervoso, que energiza os músculos. Esta cor pode algumas vezes aumentar a produção da bile e servir como laxante.

Associado ao chakra do plexo solar e à nossa vontade, seu uso pode aumentar a energia vital, assim como a determinação da pessoa.

O chakra do coração

Sua cor é o verde, associado ao equilíbrio, à boa vontade e à saúde. Por estar no centro do espectro, ele representa a porta entre as três primeiras cores e as três últimas, entre o material e o espiritual.

Em cromoterapia, o verde é usado no tratamento de doenças cardiovasculares e de problemas do sistema circulatório. Ele exerce, igualmente, um efeito benéfico sobre o sistema nervoso. Ele tem o poder de apaziguar e de harmonizar. Esta é a cor da cura.

O verde estimula a glândula pituitária, que estimula todas as outras glândulas. Esta cor favorece a formação dos músculos, dos tecidos e da pele e destrói os germes, assim como as bactérias.

O chakra da garganta

Sua cor é o azul-claro, associado à inspiração criativa, à piedade, à religião, à serenidade e à calma. Ele simboliza a comunicação.

Em cromoterapia, o azul-claro tem como missão tratar todas as doenças ligadas à garganta, à glândula tireoide. Ele é eficaz quando o objetivo é corrigir as dificuldades de fala e os problemas de comunicação. Além disso, o azul-claro busca a paz interior, a serenidade, o relaxamento, e favorece o sono. Como é uma cor fria, nós podemos nos servir dela como antídoto ao vermelho. Útil para aliviar a irritação e as coceiras de pele, é a cor ideal para o caso de febre e para combater a inflamação.

O azul-claro estimula a glândula pineal. Ele é também útil quando devemos nos expressar em público ou para maximizar nossos poderes de comunicação.

O chakra do terceiro olho

Sua cor é o índigo, associado a tudo o que é místico, esotérico, espiritual, infinito; tudo o que é relativo à iluminação divina, a visões e revelações. Ele simboliza o instinto, os pressentimentos e a sabedoria.

Em cromoterapia, o índigo é eficaz no tratamento das doenças mentais e para ajudar as pessoas em suas buscas filosóficas. Na verdade, as vibrações emitidas pela cor índigo favorecem a abertura progressiva do que costumamos chamar de terceiro olho. O índigo aumenta a produção de glóbulos brancos e atua de forma positiva sobre o sistema imunológico. Ele reduz o ritmo cardíaco, assim como as funções do sistema nervoso motor. Ele ajuda o organismo a manter sua taxa de potássio. Nós podemos usar a cor índigo no tratamento dos problemas renais e nos distúrbios nervosos. Essa cor ajuda a proporcionar um sono profundo e reparador.

O chakra da coroa

Sua cor é o violeta, associado ao mistério espiritual, à intuição, ao misticismo, à meditação e à fé. É o coroamento, o perfeito cumprimento da missão espiritual.

Em cromoterapia, o violeta é usado para favorecer o despertar espiritual e a ligação entre o ser humano e o universo.

A influência terapêutica de determinadas cores

- **Limão**: este tom de amarelo é um agente purificador do sangue, que facilita a eliminação dos mucos e se mostra útil em caso de resfriados e gripes. É também um estimulante para o cérebro e o timo.
- **Escarlate**: esta cor é um estimulante para o cérebro e os rins. Ela é valorizada por elevar a pressão sanguínea e por acelerar o ritmo cardíaco. Estimula também o fluxo menstrual.
- **Púrpura**: esta cor abaixa a pressão sanguínea e permite reduzir o ritmo cardíaco. Favorece também a queda de temperatura do corpo no decorrer de uma febre. É uma cor propícia ao sono e ao relaxamento.
- **Turquesa**: é uma cor tranquilizadora, refrescante e relaxante, ideal para tratar dores de cabeça e indicada nos casos de enxaqueca. Ela facilita a regeneração da pele na ocorrência de ferimentos ou de queimaduras.

A litoterapia

É a terapia que usa pedras preciosas e semipreciosas. Há inúmeros livros que tratam das propriedades das pedras. Consequentemente, nós nos contentaremos, aqui, apenas em dar uma lista das pedras que favorecem a abertura e a circulação da energia de cada um dos sete chakras principais.

O chakra da base

Deve-se usar o rubi, o coral, a granada, o jaspe vermelho e o heliotrópio.

Os hindus consideram que o rubi energiza o organismo e o torna mais forte. Sua relação com o chakra da base amplia a ligação entre a consciência superior e a da realidade material. O coral favorece a assimilação da energia do chakra pelos ossos e tecidos, enquanto a granada estimula a expressão da energia. O jaspe vermelho é uma pedra que facilita a ancoragem e nos mantém com os pés sobre a terra. O heliotrópio é uma pedra particularmente útil para as mulheres.

O chakra sexual

Deve-se usar a cornalina, a opala de fogo e o jaspe laranja.

Em muitas culturas, a cornalina é o símbolo da fertilidade. É também uma pedra que atua sobre o plano das emoções e nos permite controlar o fluxo de modo harmonioso. A opala de fogo deve ser usada com circunspecção; esta pedra tem a tendência de amplificar as reações emotivas. O jaspe laranja é a pedra que mais favorece a harmonização das emoções e dos desejos sexuais.

O chakra do plexo solar

Deve-se usar o citrino, o topázio e o âmbar.

O citrino é um tipo de quartzo que favorece a concentração da vontade e nos ajuda a fortalecer nossa determinação. É uma pedra que energiza amplamente todo o corpo e permite que nos sintamos revitalizados rapidamente. O topázio nos permite chegar aos nossos recursos mais profundos e realizar assim, com mais facilidade, o que desejamos. O âmbar é a chave para abrir a porta de nossa memória das vidas passadas, enquanto nos estabiliza na vida presente.

O chakra do coração

Deve-se usar a esmeralda e o jade.

A esmeralda é particularmente útil quando nós queremos equilibrar a influência de nossos chakras inferiores e superiores. Esta pedra nos permite adquirir a estabilidade necessária para harmonizar completamente nosso fluxo de energia, permitindo que ele circule livremente ao longo de todos os nossos chakras. O jade é a pedra sagrada da Ásia; simboliza a paz, a pureza e a serenidade. Esta pedra permite enfrentar as piores situações de modo tranquilo, o que nos dá a chance de encontrar as soluções mais facilmente.

O chakra da garganta

Deve-se usar a safira azul, a turquesa e o lápis-lazúli.

A safira permite limpar os canais de comunicação e nos purificar dos pensamentos negativos. Não é uma pedra fácil de usar, porque ela obriga a pessoa a avaliar constantemente suas posições e a se questionar sobre suas próprias escolhas.

A turquesa é considerada uma pedra de proteção tanto nas culturas ameríndias quanto na tradição tibetana. É também uma pedra que permite usar de maneira sensata nossas faculdades intelectuais nas situações delicadas ou que requerem decisões rápidas. O lápis-lazúli estabelece a ligação entre o chakra da garganta e o do terceiro olho; esta pedra é frequentemente responsável pelo despertar de nossas faculdades extrassensoriais, porque ela permite uma comunicação entre o quinto e o sexto chakras.

O chakra do terceiro olho

Deve-se usar a ametista e a fluorita.

A ametista permite aplacar o nervosismo e concentrar nosso pensamento nos assuntos de natureza psíquica. É uma pedra ideal para ajudar na meditação, porque ela nos facilita maior concentração. A fluorita favorece o despertar espiritual e nos permite chegar com mais facilidade a um nível de realidade superior.

O chakra da coroa

Deve-se usar o diamante e o quartzo branco.

O diamante é considerado a pedra mais perfeita. Ele amplifica nossos pensamentos positivos e nos permite atingir um nível mais elevado em tudo o que diz respeito à espiritualidade. Por outro lado, é preciso estar atento porque os pensamentos negativos podem também ganhar maior peso. Esta não é uma pedra para ser usada de forma leviana. As propriedades do quartzo branco se assemelham bastante às do diamante; esta pedra facilita a meditação e a expressão de nosso amor incondicional por Deus.

CONCLUSÃO

Não é fácil chegar a uma conclusão quando nos interessamos por um sistema como este dos chakras, porque ele está sempre em evolução. Quanto mais progredimos em nosso estudo, mais nós nos damos conta de que temos tudo a aprender.

O sistema dos chakras é muito amplo, e inúmeras culturas diferentes o adaptaram a suas respectivas necessidades; é também o que nós fazemos desde que demos início a este estudo. Todas as experiências são diferentes, da mesma forma como as pessoas que as vivenciam. Nós não temos como identificar todas as possibilidades que se abrem à nossa frente, porque nosso próprio sistema de crenças nos limita em nossas escolhas e nos caminhos que desejamos tomar. Mas não é necessário se desesperar. O sistema dos chakras acompanha o conceito da reencarnação. Isso nos promete numerosos ciclos de vida durante os quais, sem dúvida, teremos a possibilidade de experimentar plenamente todas as facetas de nossos chakras e o desenvolvimento do pleno potencial de cada um deles. É um terreno interessante, em que os únicos limites são os que nós nos impomos. A harmonia e o equilíbrio podem se encontrar nas menores coisas da vida, bastando apenas que lhes prestemos atenção. Tudo é uma questão de viver no momento presente e escutar os pequenos murmúrios, para descobrir a serenidade.

No plano histórico, a humanidade progride também no ritmo do desenvolvimento de seus chakras. A pré-história era provavelmente a era do chakra da base, porque foi necessário esperar 14 mil anos antes de ver emergir a era relativa ao chakra sexual. Foi por volta de 8500 a.C., o que coincide com a era de Câncer na astrologia. Por outro lado, esta segunda era foi menos longa; ela não durou mais que 7 mil anos, o tempo para que o homem fosse bem-sucedido no controle da navegação e na construção de navios. Isso marca também, afirma-se, a queda da Atlântida, que era um império fundado sobre as águas e o controle dos oceanos. A era do terceiro chakra é a do fogo; ela corresponde à idade do ferro. É a era de desenvolvimento do chakra do plexo solar, que começou por volta de 1500 a.C., e terminou em torno do ano 2000 de nossa era. Basta olhar a história dos dois últimos milênios para se dar conta de que ela foi marcada pelo fogo e a destruição. Nós deveríamos, portanto, estar entrando agora na era do chakra do coração.

Resta-nos, apenas, esperar que o chakra do coração da humanidade possa curar nosso planeta e nosso universo de todos os males que os oprimem atualmente.

BIBLIOGRAFIA

BRENNAN, B. A. *Hands of Light*, Llewellyn Publications; *Light Emerging*, Llewellyn Publications. [*Mãos de Luz*, publicado pela Editora Pensamento, São Paulo, 1990.]
CHOPRA, Dr. Deepack. *Quantum Healing*, Bantam Books.
Collectif. *Holistic Health*, Berkeley Editions.
FONTAINE, Dr. J. *La médecine des chakras*. Paris: Robert Laffont.
FREINSLEIN, E. *Ultimate Frontiers*, Stelle Group.
MORRISON, J. *Le livre de l'Ayurveda*, Courrier du livre.
PORKET, Dr. Manfred. *Chinese Médecine*, Henry Holt Éditions.
STARK. *Natural Healing*, Llewellyn Publications.
TANSLEY, David. *L'aura*. Paris: Albin Michel; *Le corps subtil*. Paris: Albin Michel.